やさしい財政学

池田浩史 ［著］

創 成 社

はじめに

　令和2年は，世界の国々が新型コロナウィルスに翻弄され続ける年となりました。筆者が奉職する大学でもZoomを用いた形式の講義が中心となり，私にとって不慣れな環境をいかに克服するかに明け暮れ，瞬く間にすぎた1年でした。

　講義終了後に何人かの学生諸君と話をするのはホッとするひと時ですが，しばしば感ずるのは，租税や予算など財政学が扱う現実的なテーマは，まだ若く社会経験も豊富とはいえない多くの学生諸君にとって身近な事象と感じにくいのではないか，それら重要だと頭でわかっても少なからぬ距離感を感ずるテーマなのではないかということです。

　しかし今般進行中のコロナ禍は，若い学生諸君にとってもさまざまな直接的な影響を与え続け，これに対する政府の対応に無関心ではいられないこともわかりました。コロナの早期の収束を願うのは当然として，この災いをきっかけに，経験豊富な社会人が税の負担や政府の財政支出に対して抱くのと同じ程度の実感を，若い人も持てるようになるのではないか。災い転じて福となすという古い諺を思い出し，本書を執筆するに至りました。

　本書では，大部にならぬよう財政学講義の必要最低限の部分だけを選び，他方で，内容が初学者にみぢかに感じられるような，今日の動きが含まれる具体的な材料（データ）を適宜加え，さらに学生自身で最新の国際的データに接近できるような誘導を加えてみました。データから何かを読み取る適切な手がかりの一助になるはずの経済学の初歩的な道具についても，わかりやすい解説を心がけました。

　コロナ禍をきっかけに将来についての不安を意識し始めた若い方々が，このテキストをきっかけに，国や都道府県，市町村の現状と課題とに向き合うよう

になってくれるよう願っています。

　最後になりましたが，学生時代にご指導いただいた古田誠司先生，大学院時代にご指導いただいた平田寛一郎先生，研究会などでご指導いただいた大川政三先生，小林威先生，勤務大学でご指導いただいた石川祐三先生ほか，数々の恩師，先輩や同僚の先生方には，この場を借りましてあつく御礼申し上げます。また本書の編集を担当いただきました創成社の西田徹様にも御礼申し上げます。

　2021 年 1 月

池田浩史

目　次

第1章

財政の概況を数値でみる
―コロナ禍の財政―

　長年にわたって日本の財政が抱えてきた，放置されざるべき最大の懸案事項の1つは，膨大化する財政赤字の処理でした。時々の政権は時々の政治経済状況を勘案しながら，ある時は積極的に経費削減や増税を打ち出し，またある時は経済の復調を待つべく，それほど積極的でないように見える姿勢でのぞみました。

　以下の図表1－1，1－2が示しているように，かくて現在の日本の財政赤

図表1－1　財政収支の国際比較（対 GDP 比率）

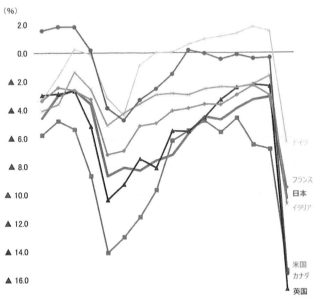

平17 平18 平19 平20 平21 平22 平23 平24 平25 平26 平27 平28 平29 平30 令元 令2
（05）（06）（07）（08）（09）（10）（11）（12）（13）（14）（15）（16）（17）（18）（19）（20）（暦年）

出所：財務省資料。

図表 1 － 2　債務残高の国際比較（対 GDP 比率）

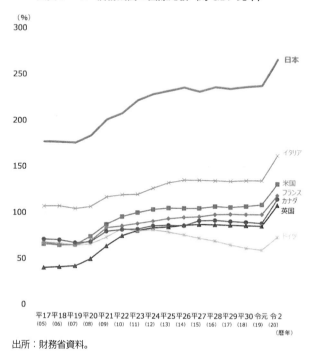

出所：財務省資料。

字額の GDP 比率は，ここしばらく改善基調が続いていたとはいえ，長期債務残高の GDP 比率は依然として欧米諸国と比べて厳しく，近年，財政危機が表面化し，欧州経済に緊張が走るきっかけを作ったギリシャの数値をも上回る状況が続いています。GDP の大きさと比べた政府債務残高の大きさでは，日本の値の高さが際立っています。

1 － 1.　2020 年　新型コロナウィルスと世界の財政

そのような環境のもと，令和 2 年（2020 年）に訪れたのが新型コロナウィルスの猛威です。

我が国には令和元年（2019 年）末に情報が入ってきた新型コロナウィルスで

図表 2 − 1　新型コロナウィルス国内陽性者数の推移（2021 年 2 月 10 日）

陽性者数　　　　　　　　　　　　　**1,569 人**
（累計 404,751 人）

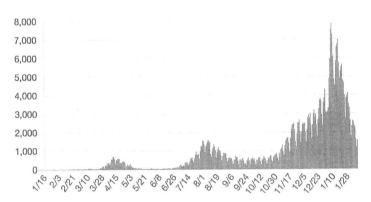

出所：厚生労働省ホームページ。

図表 2 − 2　新型コロナウィルス国別感染者数の推移

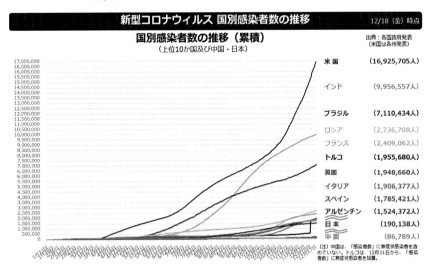

出所：外務省ホームページ（2020 年 12 月）。

したが，年があけた令和2年（2020年）3月には国内で急拡大してしまいました。患者数の激増やこれに対応する医療体制の逼迫が指摘され，ついには緊急事態宣言が発出されると，5月には国内の経済活動はほとんど止まってしまいました。

　このような厳しい経済状況を緩和／回復させるべく，春夏に補正予算を成立させ，いわゆる持続化給付金やGoToトラベル等さまざまな政策が実施されたのも束の間，いったん平穏になったに見えた感染者が冬に向けて急増し，年末にはいわゆる第三波が到来しました（図表2－1，2－2）。

　患者数を減らし医療従事者の負担を緩和するという医療的側面の考慮と，経済活動の低下の影響を受ける個人や事業者を支援したりする側面と，2つの間のバランスをいかにとるのか。多くの国民が期待と不安をもって注目し続けるなか，令和3年（2021年）に突入しました。

　医療面にせよ経済面にせよ，充分な対策を行おうとすれば経費額は大きなものとなります。緊急措置が必要だったこの1年，すでに財政赤字は大幅に上昇

図表3　一般政府債務の歴史的パターン

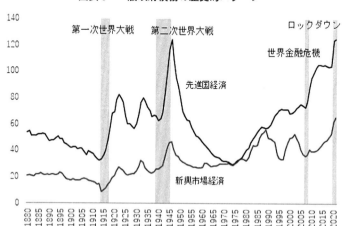

出所：Economic Outlook database; Maddison Database Project; and IMF
　　　staff calculations.
　　　IMF資料に筆者が加筆。

図表 4　G20 の債務

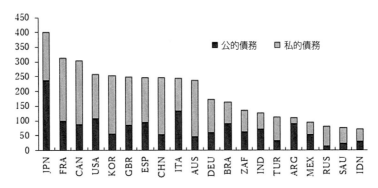

出所：IMF Global Debt Database.

しています。

　日本をはじめ世界の国々は新型コロナウィルスのパンデミック（世界的大流行）やそれに伴う都市封鎖（ロックダウン）に対応する財政的な措置を大規模にとり続けました。IMF 国際通貨基金（2020 年 10 月発表の IMF の財政モニター）によれば 2020 年 9 月 11 日段階の総額は 11.7 兆ドル（約 1,200 兆円，世界の GDP12％相当）に上りました。世界の公的債務の GDP 比率は過去最高の 100％に迫ると試算しています。

　図表 3 のように，一般政府債務の GDP 比率は先進国経済，新興市場国経済ともに戦争や大不況の時期に膨らむ傾向があります。今回の新型コロナウィルスによるパンデミックでは，2020 年 9 月段階ですでに第二次世界大戦当時の水準を超える 125％に達すると見込まれていましたが，2020 年末までにアメリカや日本などで追加的な経済対策が可決され，この数値がさらに上昇すると見込まれています。

　このような極端ともいえる財政拡大が今後にもたらす影響いかんについては，財政規律を守る点から注視すべき点の 1 つです。ただしもう一方の側面，我が国を含む先進国や一部の新興市場国でそうした財政拡大が可能となった一方で，新型コロナ危機前から公的債務や民間債務が膨らんでいた途上国などでは，公衆衛

生対策や経済対策的な政策を充分にとることができず，その結果として世界全体で 1 億人以上の人々が極度の貧困に陥る恐れがあるという点も忘れることはできません。

IMF もこの点について警鐘を鳴らしています。図表 4 は G20 国の 2019 年における公的債務と私的債務の GDP 比率を示したものです。

1－2．2021 年度の我が国財政

新型コロナウィルス対策を当初段階から組み込んだ令和 3 年度（2021 年度）の我が国予算について確認してみましょう。新型コロナウィルスという世界的緊急事態への財政的対応と，従来からの財政的課題の両方を概観することができるはずです。

令和 2 年 12 月 21 日に閣議決定された令和 3 年度（2021 年度）予算案の詳細は，財務省ホームページで見ることができます。予算制度については 3 章で若干詳しく説明しますので，本章では 2021 年度予算の全体的な傾向を示すにとどめます。

なお 2021 年度予算の閣議決定直前 12 月 15 日には，新型コロナウィルスへの対応を含む 2020 年度第 3 次補正予算が閣議決定，翌年 1 月 28 日に可決されています。4 月の新年度当初からの執行に間に合うように編成／審議／議決されたものを当初予算とよぶのに対し，事前に充分には予測できない災害や経済的変動などが大規模に生じ，これへの対策費用の支出のために予算の変更を行うべく編成される予算は補正予算とよばれます。

第 3 次補正予算は新型コロナウィルス感染拡大防止面での対策に 4.3 兆円，時短営業に協力した事業者への支払いに地方自治体が活用できる地方創生臨時交付金に 1.5 兆円など総額で 21 兆円を計上しました。令和 2 年度（2020 年度）の一般会計は 3 次にわたる補正の結果，当初予算の 1.7 倍，175 兆円ほどの歳出規模となりました。歳出増加分は公債の追加発行で賄われ，一般会計に占める公債発行額の割合である公債依存度は 64％に達しました。これはリーマン

図表5　2021年度一般会計予算歳入歳出の構成

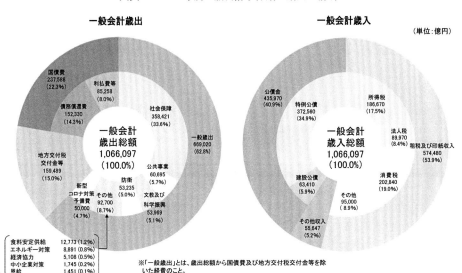

一般会計歳出

一般会計歳入

（単位：億円）

一般会計歳出総額 1,066,097（100.0%）

国債費 237,588（22.3%）
利払費等 85,258（8.0%）
債務償還費 152,330（14.3%）
社会保障 358,421（33.6%）
一般歳出 669,020（62.8%）
地方交付税交付金等 159,489（15.0%）
公共事業 60,695（5.7%）
新型コロナ対策予備費 50,000（4.7%）
防衛 53,235（5.0%）
その他 92,700（8.7%）
文教及び科学振興 53,969（5.1%）

食料安定供給　12,773（1.2%）
エネルギー対策　8,891（0.8%）
経済協力　5,108（0.5%）
中小企業対策　1,745（0.2%）
恩給　1,451（0.1%）
その他の事項経費 57,732（5.4%）
予備費　5,000（0.5%）

一般会計歳入総額 1,066,097（100.0%）

公債金 435,970（40.9%）
特例公債 372,560（34.9%）
所得税 186,670（17.5%）
法人税 89,970（8.4%）
租税及び印紙収入 574,480（53.9%）
建設公債 63,410（5.9%）
消費税 202,840（19.0%）
その他 95,000（8.9%）
その他収入 55,647（5.2%）

※「一般歳出」とは、歳出総額から国債費及び地方交付税交付金等を除いた経費のこと。
※「基礎的財政収支対象経費」（＝歳出総額のうち国債費の一部を除いた経費のこと。当年度の政策的経費を表す指標）は、833,744（78.2%）

（注1）計数については、それぞれ四捨五入によっているので、端数において合計とは合致しないものがある。
（注2）一般歳出における社会保障関係費の割合は53.6%。

出所：財務省資料。

ショック時の52%（2009年度）を上回る過去最高値です。

　2021年度予算では，補正予算が執行される前年度末までの3ヵ月分と新年度予算の12ヵ月分の合計15ヵ月分の予算が1月に開かれる国会で審議可決され，一体となって執行されることになります。補正予算から新年度予算へと切れ目なく執行されるいわゆる**15ヵ月予算**の編成が，この10年ほど続いています。

　図表5の左側は，2021年度の国の一般会計予算歳出を示したものです。まず総額の107兆円弱という額は，当初予算としては2013年度から9年連続して過去最高値となりました。同時に審議される補正予算の追加経済対策分も合わせての，いわゆる**15ヵ月予算**という視点でみると，約126兆円の規模になります。

　歳出面では年金や医療や介護，子育てなどの費用を賄う社会保障関係費（過去最大の約36兆円），地方自治体財政の適正化のための地方交付税交付金等（3年連続の増加で約16兆円），過去に発行した国債の償還などのための国債費（5年ぶりに過去最大となる約24兆円）という3つのカテゴリの歳出が例年多くなっています。

　例年と比較して際立つ点もいくつかあります。

　その1つは医療体制の整備などの新型コロナ対策です。また新型コロナ対策の長期化に備え，例年5,000億円程度であった予備費が，2021年度予算では約5兆円計上されています。さらに新型コロナウィルス禍後に経済構造の転換を促す施策（脱炭素化，デジタル化など）が予算化されました。

　一方，図表の右側，歳入面で最大となる税収は，新型コロナウィルス等による経済停滞が大きな影響を与えること等から，2020年度より9.5％減って57兆円が計上されています。経済停滞の影響という点は，2020年度の当初予算で63兆円と見積もられていた税収が，すでに第3次補正予算段階で55兆円にまで下方修正されたことにもあらわれています。

　税の不足分を補う借金である公債金収入は，2021年度予算では44兆円と見込まれ，一般会計総額に占める公債金収入の割合である**公債依存度**は，平成26年度（2014年度）当初予算以来7年ぶりに40％を超えました（40.9％）。

　図表6からは若干長期的に，日本財政が半世紀近くをたどってきた道を確認することができます。

　図の左端，1975年時点ですでに歳出が税収をうわまわっていました。歳出と税収の差額が借金，つまり財政法で認められた四条国債（建設公債）と，年々の特例法で発行が認められた特例公債（赤字公債）で賄われていました。いわゆるバブル経済期を迎え，いったんは特例公債（赤字公債）の発行がゼロになる数年を経験したのも束の間，そのバブルがはじけた後は歳出額が上昇を続ける一方で，税収は低迷を続けました。歳出額と税収額とが乖離していくグラフの形状は，しばしば「**ワニの口が開いている**」と表現されています。

　バブル崩壊から30年近く経過しても開いた口が閉じられることはなく，**リーマン・ショック**を経て長く伸びすぎたワニの口が迎えた2020年度。新型コロナ

図表6　一般会計税収，歳出総額及び公債発行額の推移

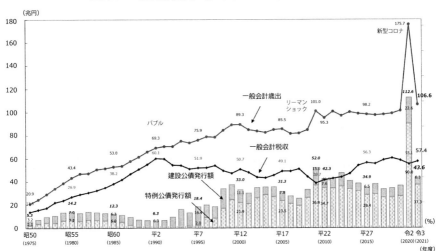

（注1）令和元年度までは決算，令和2年度は第3次補正後予算案，令和3年度は予算案による。
（注2）令和元年度及び令和2年度の計数は，臨時・特別の措置に係る計数を含んだもの。
（注3）公債発行額は，平成2年度は湾岸地域における平和回復活動を支援する財源を調達するための臨時特別公債，平成6～8年度は消費税率3％から5％への引上げに先行して行った減税による租税収入の減少を補うための減税特例公債，平成23年度は東日本大震災からの復興のために実施する施策の財源を調達するための復興債，平成24年度及び25年度は基礎年金国庫負担2分の1を実現する財源を調達するための年金特例公債を除いている。
　　出所：財務省資料から作成。

ウィルス対策のために三度にわたる補正予算が編成され，歳出の急増によりグラフはあたかもツノが生えたかのような形になってしまいました。他方，歳入は当初予算の見込みを下回り，過去最大の112兆円の国債が発行されました。

　この結果が，先に述べた公債依存度64.1％という，リーマンショック時を超える値へとつながることになります。

1-3．主要な経費項目

　一般会計予算歳入の主要項目については，4章以降で若干詳しく述べられますので，本章後半では歳出面に注目し，歳出額の大きな主要項目について背景説明をしておきましょう。

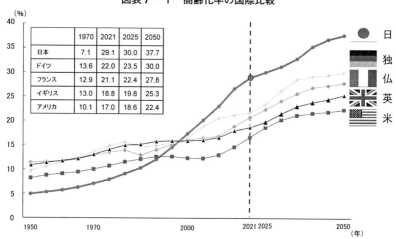

図表7－1　高齢化率の国際比較

	1970	2021	2025	2050
日本	7.1	29.1	30.0	37.7
ドイツ	13.6	22.0	23.5	30.0
フランス	12.9	21.1	22.4	27.8
イギリス	13.0	18.8	19.8	25.3
アメリカ	10.1	17.0	18.6	22.4

※高齢化率：総人口に占める65歳以上人口の割合

（出所）日本　　～2019：総務省「人口推計」
　　　　2020～2050：国立社会保障・人口問題研究所「日本の将来推計人口（平成29年4月推計）」（出生中位・死亡中位仮定）
　　　　諸外国 国連 "World Population Prospects 2019"
出所：財務省『日本の財政関係資料』。

社会保障関係費

　まず社会保障関係費です。

　社会保障費は，老後の生活を支えるための資金（年金），難病を含め病気や怪我などになった時の支援（医療），介護職員の人材確保などを通じて高齢や認知症となった時などに，地域や自宅でサービスが受けられる仕組み（介護），待機児童の解消，保育施設や児童手当（子育て）など，これらにかかる費用を，社会全体で支えていこうという考え方で成り立っています。

　社会保障費が増加する要因の1つは，人口構造の変化です。

　図表7－1が示すように，人口に占める65歳以上の高齢者の割合（高齢化率）の増加は，他国と比較しても急速に進んでいます。急激に進む高齢化は，一人当たり医療費や介護費が加齢とともに急増することを考慮すれば，財政負担の急速な肥大化をもたらします。その肥大化した財政負担が，出生率の低下によって減少しつつある現役世代，つまり社会保障の担い手に集中するような構造のままでは社会保障制度は持続できません。

図表 7 − 2　この 30 年間での社会保障費の増大

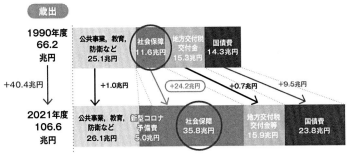

出所：図表 7 − 1，2とも財務省『これからの日本のために財政を考える　令和 3 年 4 月』。

そこで，給付の効率化と負担の公平化によって子供世代，現役世代，高齢世代というすべての世代に納得されるような制度設計に取り組むことが求められるようになってきました。

図表 7 − 2 は，直近の 2020 年度の歳出をバブル最終段階の平成 2 年度（1990 年度）のそれと比較してみたものです。この間さほど増加していない公共事業や教育，そして地方交付税の経費と対照的に，社会保障費が大幅に増加したことを示しています。さらにこれらの経費の額を，一般会計歳出に占める割合に換算した図表 7 − 3 からは，社会保障費の割合の増加が際立っている様子が一層はっきりします。

なお，政府が行う社会保障支出の大きさ（対 GDP 比率）は，OECD 諸国の中では，やや大きめといった位置づけになっています。

図表 7 − 3　各経費の一般会計総額に占める割合

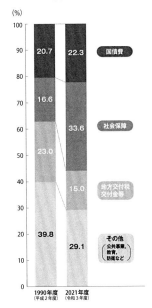

注 1 ）2000 年度までは決算，2021 年度は当初予算による。

注 2 ）2021 年度は，「臨時・特別措置」に係る計算を含んだもの。

出所：財務省『これからの日本のために財政を考える 令和 3 年 4 月』から作成。

図表8　社会保障給付費の使途と財源

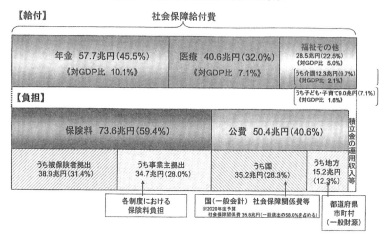

出所：厚生労働省ホームページ。

　少子高齢化が進む我が国では，社会全体で支える持続可能な社会保障の制度を作りあげるのは簡単ではありません。

社会保障制度の財源と使途

　図表8をご覧ください。約127兆円（2020年度予算ベース）の社会保障給付費は，その半分弱が年金給付にあてられます。社会保障給付費の3割程度をしめる医療は基本的にはどの世代にも関わりますが，一人当たりの医療費では，高齢者ほど急激に上昇する傾向があります（図表9）。費用が高齢者ほど急増するという傾向は，社会保障給付費の1割弱を占める介護費についてもあてはまります。子供や子育てなどに使われるのは1割弱程度です。

　他方，社会保障給付費の財源についてみると，6割程度（約70兆円）が保険料です。保険料に過度に依存する制度にしてしまうと，保険料を支払う現役世代に負担が集中しすぎる弊害が生ずる可能性があります。残り4割を公費投入で賄い，その7割近くが国債発行で賄われている点をとらえて，これは負担の将来世代への先送りだと指摘されることもあります。

図表9　高齢者の一人当たり医療費と介護費

	医療 (2018年)		介護 (2018年)	
	1人当たり 国民医療費	1人当たり 国庫負担	1人当たり 介護費	1人当たり 国庫負担
65~74歳	55.5万円	8.0万円	4.9万円	1.3万円
		↓約4倍		↓約10倍
75歳以上	91.9万円	32.8万円	47.0万円	12.8万円

出所：財務省『これからの日本のために財政を考える』から作成。

地方交付税等交付金

　地方交付税は地域間の財政力の不均衡を是正し，全国どこの地方公共団体で
も一定水準の公共サービスを提供できるよう，各地方公共団体で不足する財源
を補填するしくみです。主な財源は，国税として徴収される所得税，法人税，
酒税，消費税，地方法人税の一定割合です。これらが交付税及び譲与税配付金
特別会計に繰入れられたのち，一定の基準で地方公共団体に交付されます。詳
細は，第9章で説明されます。

国債費

　我が国の財政は，政府支出を借金に頼らず，主に税収をもってあてる均衡財
政を旨とすることが財政法第四条に規定されています。しかし，半世紀以上前
から我が国は借金による財政運営を開始し，借金の残高（**公債残高**）は令和3
年度末には総額で990兆円，一人当たり800万円を超えるまでに積み上がりま
した。国と地方をあわせた債務残高のGDP比率（一国の経済力と比較した債務の
額）は264％となり，先進国で最も高い水準となっています。

　発行された公債の元利償還のための財源が国債費です。公債についての詳細
は，本書第6章で説明します。

第2章

政府の機能を
経済学的側面から位置づける

　財政が持つべき機能ないし役割については，アメリカの財政学者マスグレイ
ブ（1910 - 2007）が経済理論的な側面から3つにまとめた体系を用いるのが一
般的です。

2-1. 資源配分機能

　我が国をはじめ多くの国の経済システムは混合経済体制とよばれています。
これは，民間部門が主導する市場経済と公共部門が主導する計画経済とが，バ
ランスの違いがあっても相互補完的に並立する経済体制です。
　市場経済は，多くの経済主体が競争市場で決定される価格をシグナルに，分
権的・利己的に意思決定されることによって望ましい（効率的な）資源配分が
行われるという，**市場の効率性**（入門的な経済学で集中的に学ぶ市場メカニズムの
適切さ）に信頼をよせるシステムです。

民間財と公共財

　経済学では，財サービスの提供を競争市場に任せることで適切に提供される
財を民間財とよびます。他方，財が持つ性質から，市場が成立しないなどその
ままでは財の適切な提供ができない財を公共財とよんでいます。
　民間財と公共財を分ける視点の1つは，**消費の競合性**とよばれる概念です。
これは，ある財やサービスの消費にあたって，ある人が消費すると他の人が消

費できなくなる（サービス享受水準ないし満足度が下がる）状態，消費にいわばライバル関係が生ずるか否か，という視点です。

　レストランで提供される料理は，食べてしまえばそれ以外の人は食べられませんので，そのようなライバル関係が明確な一例でしょう。これを消費の「競合性が高い」と表現します。プリンターのインクも，誰かが使ってしまえば他の人には使えないので，競合性が高い財ということになります。

　消費が完全に競合的な状態は，A さんが享受した財の量を Y_A，B さんが享受した財の量を Y_B，A さん B さんからなる社会全体で享受した財の量を Y_{A+B} とすれば，

$$Y_{A+B} = Y_A + Y_B$$

と表現できるでしょう。

　他方，広大な敷地面積を持つ国立公園で雄大な景色を眺めるというサービスはどうでしょうか。この場合には，たとえたくさんの観光客が訪れても景色から受けるサービス水準は低下しそうにありません。

　消費にライバル関係がまったく生じなければ，誰でも同じ量だけ消費できる（等量消費）ということですから，

$$Y_{A+B} = Y_A = Y_B$$

と表現することができます。

　新型コロナウィルス禍の大学では Zoom や情報機器を用いた遠隔講義が一般的でした。新たな情報機器の活用による遠隔授業は，教員にとっても受講生にとってもチャレンジングでしたが，実際に開始してみると出席率（参加率）も高く，受講生には好評であったようです。このような遠隔講義も，機材があれば受講生が増えたとしても誰にとってもほぼ同程度のサービス水準を享受できたという点で，消費の競合性はあまりなかった例の1つということになります。

　ただし，参加者の増加によってネット回線に過大な負荷がかかり回線が途切れるような，個々の受講者が享受できるサービス水準が若干低下した可能性もあります。多数の参加者による混雑でサービス水準の低下が生ずるのは，特別展開催中の美術館ですとか，さまざまな場面で起こりえます。混雑がある場合には，消費の競合性は，先の例でいえば，レストランの料理と，国立公園の景色の中間的な位置づけになります。

　消費の競合性が低いような財サービスは，追加的な消費ができるようにすることによって，「誰の満足水準も低下せずに，追加的な消費を行った人の満足が増加」します。経済学的にはこの状況を改善に進む望ましい状況だと考えて，「パレート効率性が改善された」と表現します。つまり，消費の競合度合いは，「財供給の望ましさを示す経済学的な指標」だということもできます。

　民間財と公共財を分けるもう1つの視点は，**排除性**（対価を支払わない人を消費から排除しやすいかどうか）とよばれる概念です。

　先に述べたレストランでの料理提供は，排除性が充分に機能している例の1つです。新型コロナウィルス禍で新たに購入された情報機器類も，店頭販売なり通信販売なり，排除性が高い状況で入手されたものでしょう。私たちの身の回りの多くの財は，排除性が高いという性質を持っています。

　他方，毎年のように起こる豪雨被害から必要性が痛感されている，地域の防災サービスはどうでしょう。河川整備や治山治水，防災無線のような事業は，防災からの便益への対価を支払わない人がいるからといって防災活動の対象から外してしまうと，その本来の目的が達成できなくなってしまう恐れがあるケースです。あるいは，いったん地域防災サービスを提供してしまえば，対価を支払っていない人も当該サービスを受けられる（消費の外部性がある）ということもできます。このような場合には，「地域防災サービスは排除性が低い」，あるいは，対価を支払わない人をサービスから排除できないとはいえないが，排除できるようにするには多額の費用がかかる点をとらえて「地域防災サービスは排除費用が高い」と表現されます。

　昨今の新型コロナウィルスに対する感染予防措置やワクチン注射も，排除性

が低く，外部性の大きなサービスの1つでしょう。

　我々が日常的に利用する道路サービスはどうでしょうか。一般道路の利用対価を支払わない人を，道路サービスの利用から排除することは，技術的にできないことではないけれども，それを実施しようとすると料金徴収システムの整備費用が大きくかかる（排除費用が高い）ケースになります。

　防災にせよ道路にせよサービスの提供にかかる費用が必要なのに，対価を支払わずにサービスを享受できてしまう（「ただのり」できてしまう）性質を持つサービスであれば，そのようなサービスの提供にかかる費用を回収できないか，回収できるとしても高コストになってしまい，結果的に市場での提供が困難になるサービスということになります。

　このように排除性の高低（排除費用の低高）は，市場提供のしやすさの指標になります。

　さてここで，「競合性が低く，排除費用が高い財サービス」，言い換えますと，「財を提供することが経済学的に望ましいが，市場を通じての提供は困難な財サービス」ということになりますが，経済学ではこれを（純粋）公共財とよびます。**純粋公共財**の例は，上であげた道路や公衆衛生，他に国防，警察，消防などかなり限られたものと考えられています。

　経済学の父とよばれるアダム・スミス（1723 - 1790）は，産業革命期，資本主義勃興期のスコットランドで活躍していました。市場の力に最も信頼を寄せ，政府は非生産的だとしてその役割を限定的に考えていた1人です。その彼であっても，主著『国富論（1776年）』の第5編冒頭で，主権者が果たすべき義務として，防衛，司法などと並んで，公共施設や公共機関（青少年教育や生涯教育を含む）の建設や維持，つまり今日でいう公共財の提供をあげていました。この点をみると，公共財提供のような機能は，ひとまず政府の機能として最も基本的なものだと考えて良いかもしれません。

　なお公共財を公共部門が生産したり供給したりする可能性はありますが，経済学的な定義という意味では，公共部門が提供するかどうかは直接関係がないということになります。

図表10　競合性と排除性

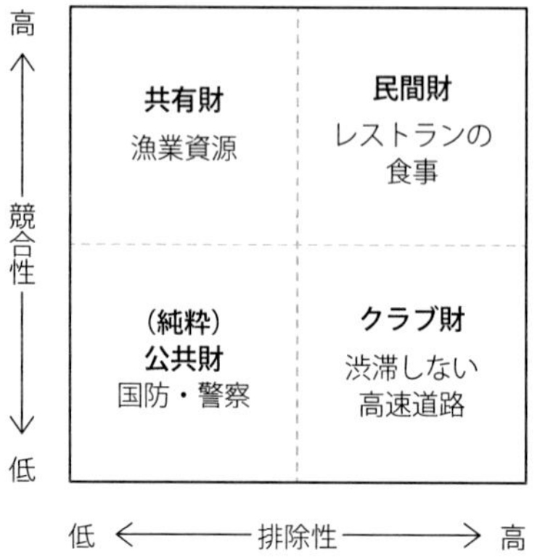

また，若干細かくなりますが，同じ教育でも義務教育と高等教育とでは，授業料を負担しない人にもたらされる便益の大きさに違いがあると考えたり，同様の視点から日常生活につかう一般道路と地域を結ぶ基盤的道路とで違いを見出すこともあります。

このように，便益の及ぶ範囲が地域的か，地域を超えて国家的か，国家を超えて国際的かによって，それぞれ地域公共財，国家的公共財，国際的公共財と区分することもあります。これらについては本書7章で説明します。

我々の身の回りにある多くの財は純粋公共財の対極（競合性，排除性ともに高い）にある**民間財**（私的財）であり，競争市場によって効率的に配分される財です。

純粋公共財と民間財の間には，**共有財**と**クラブ財**が位置づけられます。共有財は温泉の源泉や水源地などのような共有地，国際紛争になることもある漁業資源などが典型例です。（競合性は高く排除費用が高い）という特徴を持つ財で，しかも混雑によって満足度の低下が生じうる財です。準公共財ともよばれます。サークル活動のように（競合性は低く排除費用は低い）という性質を持つ財サービスであるクラブ財共々，個人やボランティアによっても提供可能な財サービスです（図表10）。

価値財

　財サービスを経済学的な視点から分類し，適切な供給者をカテゴライズして
みた以上の議論をベースとした上で，市場による供給が効率的で望ましいとさ
れた（私的財としての性質を持つ）けれども，社会的な価値判断（パターナリス
ティック／父性的温情主義）から「公共部門による供給が望ましい」とされ，政
府から供給されるべき財サービスもあります。医療や教育で見られるこのよう
な財サービスを，**マスグレイブ**は**価値財**とよんでいます。

　巨額の財政赤字を背景に「政府はそもそも何をなすべきなのか」と問う際の
手がかりになるのが，マスグレイブの「財政の3つの機能」という，経済学の
視点から政府がなす公共サービスを意義づける概念でした。同じマスグレイブ
の価値財の概念は，「経済学の枠だけが手掛かりなのだろうか」という問いか
けであると考えられるかもしれません。

経済学の道具箱1　公共財の最適供給

　民間財と公共財の概念の違いを，経済学の初歩的な需要供給分析，具体
的には「民間財と公共財の最適な供給量の決定」というモデルを手掛かり
に理解してみましょう。ここでは，消費者Aと消費者Bとからなる簡単
な社会を想定して，このような社会での民間財と公共財とで最適供給の決
まり方の相違を確認します。

民間財の最適な市場供給

　図表11では，縦軸方向には価格を，横軸方向には取引される財の数量を
とっています。右下がりの線 D_A は，消費者Aが価格に対してどのように反
応するのか，消費者Aの経済行動を表す曲線（需要曲線）です。この曲線が意
味するところは，消費者の行動が，（消費者の所得や好みのような）価格以外の条
件が変わらない前提で，もしある財の価格が上がれば，その財への需要は減少
するし，同じ財の価格が下がれば需要は増加するという，いわゆる需要法則に

図表 11　民間財の最適供給

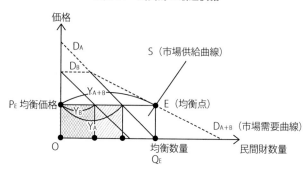

従っているということです。同様に需要法則に従った行動をとる消費者Bの
需要曲線を D_B としています。

　ここで市場取引に参加するAもBも，価格が与えられたものとして行動す
る消費者（プライス・テイカー）だと仮定します。市場全体の需要量は，どの価
格であったにせよ，それぞれの価格におけるAの需要量とBの需要量を足し
合わせたもの（Y_A+Y_B）となります。したがってAB2人からなる市場の需要
曲線は，破線で示された D_{A+B} となります。

　この市場需要曲線と，市場供給曲線Sとの交点E（均衡点）に対応する価格
P_E（均衡価格）に，そして交点に対応する数量 Q_E（均衡数量）で取引されるよう，
消費者も生産者も吸い寄せられていきます。均衡点に対応する取引が行われる
と，消費者余剰（取引によって消費者が得られる，価格以上の満足度）と，生産者余
剰（生産者にとっては，販売によって得られる，限界費用以上の利益）の和が最大に
なります。その意味で市場は望ましい，**効率的な資源配分**（民間財の最適供給）
が達成されたということになります。市場というシステムは，こういう意味で
効率的な資源配分をもたらすというわけです。余剰，あるいは効率的な資源配
分については，第4章 租税概論で再度触れます。

　価格が P_E の時，消費者AはYA だけ需要し，消費者BはYB だけ需要しま
す。したがって，Aの費用負担分は左下方向の斜線で，Bの費用負担分は右下

方向の斜線で示され，Aの負担額とBの負担額を合わせると，ちょうど均衡価格×均衡数量＝市場において均衡価格で取引された時の総費用 OP_EEQ_E に一致します。

公共財の社会全体の最適供給

　公共財の最適供給を検討する図表12は，図表11と似かよっていますが，少し違います。

　縦軸方向には公共財への限界評価（公共財に対して自発的に支払おうとする価格という意味で租税価格とも）を，横軸方向には公共財の数量をとっています。右下がりの線 D_A はある公共財の供給量に対して，公共財の需要者Aがどのように評価するのか（いくらまで支払う意思があるのか）を表す，あるいは需要者Aの公共財への姿勢を表す擬似需要曲線（限界評価曲線）です。この曲線が右下がりになっているというのは，公共財の供給量が増えるにつれて，公共財のその増加分に対しての需要者の限界的な評価（自発的に支払おうとする価格）が次第に低くなっていく（逓減していく）という性質（限界評価逓減）を表しています。同様の行動をとる需要者Bの擬似需要曲線を D_B としています。

　ここで分析している公共財において重要なのは，公共財において社会全体の

図表12　公共財の最適供給

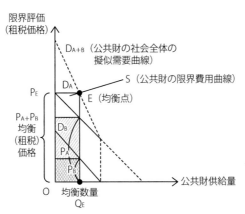

限界評価は，需要者Aの示す限界評価（租税価格）と需要者Bの示す限界評価（租税価格）を足したものだと考えていることです。公共財の性質（等量消費性）から，公共財の供給はAにとってもBにとっても同量ですが，その供給量に対する限界評価（自発的に支払おうとする価格）は需要者によって異なります。このような公共財では，AB 2人からなる社会全体の擬似需要曲線はD_{A+B}となります。

公共財にかんする社会全体の擬似需要曲線D_{A+B}と，公共財の限界費用曲線Sとの交点E（均衡点）に対応する租税価格P_E（限界評価）で，そして交点Eに対応する数量Q_E（均衡数量）で公共財が供給されることで，望ましい効率的な資源配分が達成されるという議論は，民間財のケースと基本的に同様になります。

なおこの時，Aの費用負担分は左下方向の斜線で，Bの費用負担分は右下方向の斜線で示され，Aの負担額とBの負担額を合わせると，ちょうど均衡（租税）価格×均衡数量＝均衡数量で公共財が提供された時の総費用OP_EEQ_Eに一致します。

公共財の最適供給にかんする以上の説明は，民間財と公共財の概念の対照性を明確にしているためにしばしば用いられる図式です。

しかしこの図式化のもとでは，社会の構成員が多い場合には，個々人が公共財への限界評価（租税価格）を正しく表明しなくても一定の供給量が確保されてしまいうるという，公共財特有の問題点が潜んでいます。つまり，限界評価を過少に申告する**フリー・ライダー**（ただのり）の行動が需要者にとって合理的になる可能性があり，その結果，公共財の社会的供給量は，望ましい効率的な水準を下回ってしまうことにもなりうるというわけです。

他方，地方財政の分野でしばしば指摘されることですが，現実的には過剰な公共施設整備が財政赤字を膨らませてきた経緯もあります。一見，形式的にも見えるこの議論は，公共財への真の需要をいかにあぶり出し，最適な供給水準の決定につなげていくかという現実的な問いかけへのステップでもあり，経済的な分析のみならず政治過程の考察が求められる分野でしょう。

2-2.　所得再分配機能

　18世紀末のスコットランドで始まった産業革命は，人々の生活を全般的に向上させたかに見えました。しかし富が資本家に偏在し，多くの労働者は貧困に苦しめられる実態が明らかになり，社会問題化してくると，こうした点に光をあてたK. マルクス（1818 - 1883）をはじめとする社会思想家たちが，さまざまな形での社会改革を構想しました。財政学の分野では，アダム・スミスが考えていたような，限られた範囲での任務を果たす「**小さな政府**」を超えて，文化的福祉的な目的をも担い，社会政策的任務を負う「**大きな政府**」像が必然であることを示したアードルフ・ワーグナー（1835 - 1917）が，ドイツに登場しました。

経済循環

　図表13のように，入門の経済学ではしばしば登場する，あたかも人体を血液が循環するように，1つの経済の中でお金と物とが反対方向に流れ，しかも循環している様子を説明する単純な図式化モデル（**経済循環図**）を示すことから始めます。

図表13　経済循環図

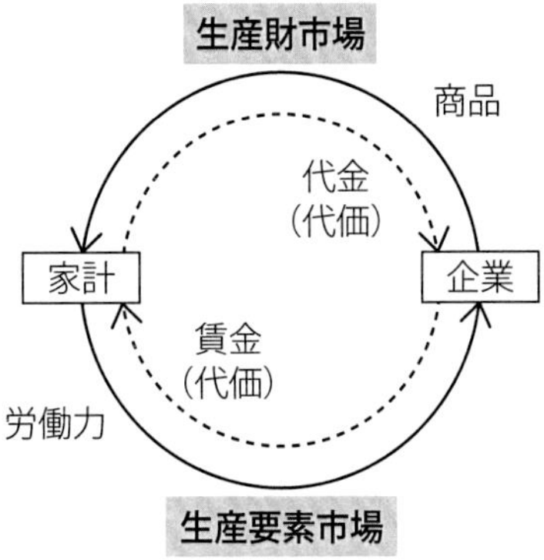

　ここでは，生産された財（私たちの身の回りにあるさまざまなもの，例えば食料やマスク）が取引される生産財市場と，その財を生産するための資源（労働，資本，土地）を取引する生産要素市場，の２つの市場が描かれています。上側に描かれた生産財市場では，企業が生産した財を家計が購入し，その対価として代金が家計から企業に流れていく様子がわかります。下半分の生産要素市場では，例えば家計が提供する労働力を企業が購入し，その対価としての賃金が企業から家計に流れていきます。この賃金を元手に家計が企業から，企業が生産した財を購入しているので，物とお金が循環する構造になるわけです。

　ここではもちろん，労働を供給した先の企業で生産した財をその家計が購入する，というような一対一の対応だけを見ているわけではありません。多くの家計や多くの企業を集めた１つの経済全体として捉えるモデル（マクロ的なモデル）を用いると，このような循環構造が理解できるというわけです。

　いずれにしても，経済学的に見れば，家計は生産要素市場（労働市場）という市場で労働という商品を提供し，企業からは賃金を受け取ります。市場が適切に機能していれば，その賃金水準は効率的な資源配分の結果だということができます。また，その賃金なり所得なりを元手に，生産財市場で財を購入すれば，それによって効率的な資源配分が達成されることになります。**効率的な資源配分**という，経済学的にみて望ましい状態は，ひとまずその所得の分配状況に関係なく生じます。

公平な分配

　ところがそうして達成された所得の分配が，果たして社会的に見て適正あるいは公正であるかどうか。

　これを議論しようとすると効率性の議論だけでは不充分で，これとは別の判断基準が求められるようになりますし，所得分配を修正するのならば市場以外の方法で行うことになります。

　例えば，親からたくさんの資産（生産要素である土地や資本）を相続できた人もいればそうでない人もいます。育った家の経済環境などによって優れた教育

を受ける機会に恵まれた人も，そうでない人もいます。このように，人々の間で，すでに出発点で所得が極端に偏って分配されている状況を放置していると，その格差が持続してしまう可能性が指摘されています。

　また出発点が同等であっても，病気，怪我，失業，災害など，さまざまな理由で所得を得る機会が失われてしまう場合があります。昨年来の新型コロナウィルス禍で私たちは，本人の努力による状況改善に限界があることを目の当たりにしました。

　さらに本人の努力があって達成されたはずの労働の生産性が，技術革新などにより陳腐化してしまうこともあります。

　このようにして**格差**が生まれ，それが拡大したり持続したりするようになると，市場以外の方法で所得を**再分配**する政策が求められるようになります。

　さて所得や資産の再分配を是正するために政府が行っている具体的な政策は，租税による是正と社会保障支出にわけられます。

　前者は，世代を超えた分配の是正をねらう相続税，現世代内で分配の是正をねらう所得税が典型的な例です。いずれも，所得が多いほど税率が高まる累進構造をとることで，再分配効果が高められています。

　とはいえ，税率を見かけ上高くすれば，それがその分だけ再分配に効果的となるわけではありません。また所得税率を高めて分配効果をあげることができるとしても，税率が高すぎることによってもたらされる勤労意欲や経済活力の低下（もしくは税の抜け道探し意欲の上昇）が生じる可能性があります。

　再分配の促進と経済成長の間の，このような**トレード・オフ**（あちらを立てればこちらが立たぬ，二律背反状況）を考慮する必要があります。

　詳細は4章5章に譲りますが，これらの事情もあって，昭和44年には75%だった日本の所得税の最高税率は段階的に引き下げられ，平成11年には37%になりました。その後は格差是正の観点などが再び重視されるようになり最高税率は若干上昇，今日（平成27年以降）の最高税率は45%となっています。それでも昭和の時代ほどの強力な累進構造というわけではありません（図表14）。

　社会保障支出は，すでに見た2021年度の我が国一般会計予算の3分の1を

図表14　最高税率の変遷

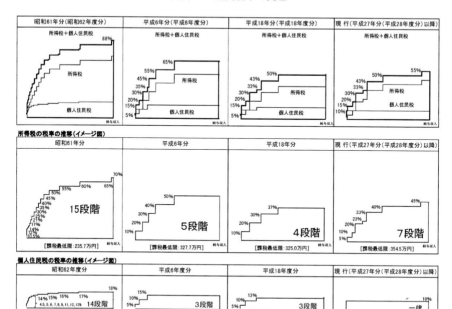

注1）昭和62年分の所得税の税率は，10.5，12，16，20，25，30，35，40，45，50，55，60%の12段階（住民税（63年度）の最高税率は16%，住民税と合わせた最高税率は76%）。

注2）昭和63年分の所得税の税率は，10，20，30，40，50，60%の6段階（住民税（元年度）の最高税率は15%，住民税と合わせた最高税率は75%）。

出所：財務省ホームページ。

占める巨額なものとなっており，医療／年金／子育てにかかわる支出を行っています。

経済学の道具箱2　ジニ係数

　現代フランスの経済学者ピケティ（1917 -）が著した大部の『21世紀の資本』（2013年）は，資本主義の発展とともに所得などの格差が広がってきたことを，さまざまな国家を対象に長期的に統計的にあぶり出し，世界的

図表 15　ローレンツ曲線

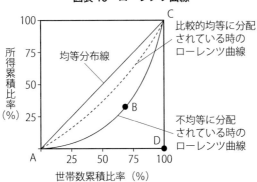

に広く注目されました。出版当時，我が国ではバブル崩壊後の長く続く経済停滞の中でさまざまな格差に注目が集まっていました。

　さて，多くの人に格差の実態を理解してもらう指標として，イタリアの統計学者ジニ（1884 – 1965）によって考案された**ジニ係数**がよく用いられます。これは，係数の値が 0 に近い社会はより平等な分配状況にあるし，1 に近ければより不均等に分配されている社会だ，と社会に存在する格差の状況を直感的に把握しやすい便利な指標です。

ローレンツ曲線

　ジニ係数はローレンツ曲線とよばれるものから計算されます。

　ローレンツ曲線は，人口の累積比率と所得の累積比率を関連づける曲線です。例えば所得が最も低い人たちを全人口の 1 割集めたら，彼らの所得は全所得の何割を占めているのか，あるいは最も低い 2 割の人たちを集めたら，彼らの所得は全所得の何割を占めているのか。このような関係を示す曲線です。

　まず分析しようとする社会の総人口を所得の低い人から所得の高い人へと並べ，これの総人口に対する比率を横軸にとります。仮に全人口を 5 つの所得グループに分ければ，最初のグループには所得の最も低い 20％の人間が含まれます。次のグループには，最初のグループに加え，二番目に所得の低いグループの人（全人口の 20％の人間）が積み上がるという具合です。

一方，縦軸には，そうして分けられた人々のグループに属する人々が持つ所得の総額を計算し，その値が社会全体の総所得の何%に当たるのかを計算します。

こうして作図された曲線がローレンツ曲線（図表15）です。

もし社会の所得が完全に均等に分配されていれば，ローレンツ曲線は図の対角線 AC と同じになります。現実がそうであるように，ある程度不均等な分配状態であれば，弧を描くような曲線 ABC になります。

ジニ係数

ここで（対角線 AC とローレンツ曲線で囲まれた ABC の面積）／（三角形 ADC の面積）としてジニ係数を計算します。すると，所得分配が均等である社会ほどジニ係数は 0 に近づき，所得が不均等である社会ほどジニ係数は 1 に近づくということになります。

例えば，我が国のジニ係数はどの程度でしょうか（図表16，17）。令和2年度版の厚生白書によりますと，直近のデータである 2017 年には，当初所得のジニ係数が 0.559，再分配後のジニ係数が 0.372 となっており，所得再分配政策によりジニ係数で 33.5%の改善が見られたとされています。

1990 年以来のジニ係数の動きも見てみましょう。

図表16　所得再分配によるジニ係数の改善の推移

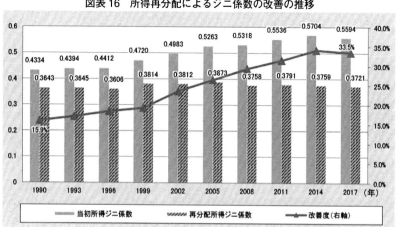

資料：厚生労働省政策統括官付政策立案・評価担当参事官室「所得再分配調査」。

図表 17　ジニ係数の推移

	当初所得ジニ係数	再分配所得ジニ係数	改善度
1990 年	0.4334	0.3643	15.9%
1993 年	0.4394	0.3645	17.0%
1996 年	0.4412	0.3606	18.3%
1999 年	0.4720	0.3814	19.2%
2002 年	0.4983	0.3812	23.5%
2005 年	0.5263	0.3873	26.4%
2008 年	0.5318	0.3758	29.3%
2011 年	0.5536	0.3791	31.5%
2014 年	0.5704	0.3759	34.1%
2017 年	0.5594	0.3721	33.5%

出所：いずれも『厚生労働白書　令和 2 年度』より。

やってみよう①

公式データにアクセス

　さまざまな国際機関が各国のジニ係数を公表しています。ここでは OECD 経済協力開発機構の最新データから，加盟国のジニ係数について，係数の低いものから並べた図表 18 を見てみましょう。

　日本の数値は 0.33 程度ですので，この中では真ん中か，やや右寄りに位置しています。

　OECD のデータからは，当初所得のジニ係数（上段）と，税および社会保障移転支出がなされた後のジニ係数（下段）を比較した数値を取り出すこともできます。

　図表 19 ではドイツ，日本，アメリカの数値を並べてみました。

図表 18　OECD 加盟国のジニ係数

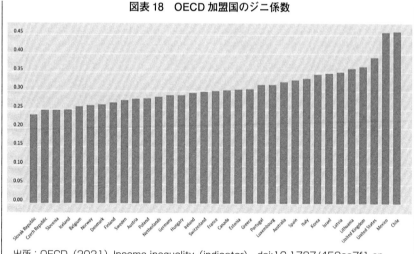

出所：OECD（2021）, Income inequality（indicator）. doi:10.1787/459aa7f1-en
（Accessed on 07 January 2021）

図表 19　各国のジニ係数（当初所得と社会保障移転後）

	2011 年	2012 年	2013 年	2014 年	2015 年	2016 年	2017 年
ドイツ（当初所得）	0.505	0.501	0.508	0.5	0.504	0.505	0.5
ドイツ（社会保障移転後）	0.291	0.289	0.292	0.289	0.293	0.294	0.289
日本（当初所得）		0.488			0.504		
日本（社会保障移転後）		0.33			0.339		
アメリカ（当初所得）			0.513	0.508	0.506	0.507	0.505
アメリカ（社会保障移転後）			0.396	0.394	0.390	0.391	0.390

出所：OECD ホームページより筆者作成。

　当初所得のジニ係数は 25 年ほどの間に 0.43 から 0.56 へとほぼ一貫して上昇
し続けており，所得分配の不均等度合いが強まっている点，その一方，所得再
分配後のジニ係数は 0.36 から 0.37 へと若干程度の上昇にとどまっている点，
この間，所得再分配政策による改善度が 16％から 34％へと年々強められてき
たという点も確認できます。

2−3. 経済の安定成長機能

　資本主義が深化するとともに，人々は繰返される景気の過熱と冷え込み，イ
ンフレーションと失業の波に悩まされることになりました。それが最も悲劇的
にあらわれたのは，20世紀前半に生じたいわゆる世界恐慌です。

世界恐慌とケインズ

　1929年10月，世界の金融センターと化していたニューヨークのウォール街
で株価の暴落が始まると，第一次大戦後のアメリカの活況は一変しました。そ
の後，1933年までの間で株価（Standard and Poors 500）は3分の1に，名目
GDPは46％落ち込み，失業率は25％まで高まるという事態（US. Census
Bureau - Statistical Abstract of United States: 1999による）に対し，ルーズベルト大
統領は大規模な治水事業などを伴う**ニューディール政策**を開始しました。

　アメリカに限らず，各国政府は赤字財政を伴った大規模な土木事業などに
よって社会不安を取り除こうと試みました。第一次大戦中の好景気が終わった
日本では，関東大震災（1923年）後の恐慌に昭和の**金融恐慌**（1927年）が続き，
これに追い打ちをかけられたかのような事態に対応して，高橋是清が時局匡救
（きょうきゅう）政策を始めました。ドイツで**ヒトラー**が雇用創出手形を財源にア
ウトバーン（自動車専用道路）を建設するなど失業対策を講じたのもこの頃です。

　そうした政策が実施された後というタイミングにはなりますが，政府が経済
の安定や成長に積極的な介入をすることができるしすべきである，という発想
の理論的根拠を与えることになる名著『雇用，利子および貨幣の一般理論
（1936年）』が，イギリスの経済学者**ケインズ**（1883 – 1946）の手により刊行さ
れました。

　ケインズ理論は次第に洗練化され，またこの理論に沿った財政運営が1960
年代のアメリカで成功を収めたこともあって，今日では景気変動の波を緩和す
る役割を政府が担うことが一般化しています。

経済学の道具箱３ ケインズモデル

　経済の安定政策という視点からみたケインズの理論は，一国の経済水準（国民所得）を決めるのは有効需要であり，これは総需要と総供給が一致する均衡国民所得水準に決まるという**有効需要の原理**，これと，もし有効需要に不足が生じていれば，不足分を政府支出の拡大や減税など政府の施策，あるいは金融政策で補うことが可能であるという**総需要管理**の考え方，この点が重要です。これは「供給が需要を生み出す（セイの法則）」という従来の（古典派の）考え方を否定したものでした。

簡単なマクロモデル

　この点を，海外取引などを含まない簡単なマクロ経済モデル（ケインズ・モデル）で確認しておきましょう。

　まずＹを国民所得，Ｃを民間消費，Ｉを民間投資，Ｇを政府支出として，一国の経済で以下のような恒等式が成り立つモデルを考えてみます。この式は，国民所得が需要サイドから見ると，家計と企業と政府とによって処分される，という所得の処分先を示したものです。

$$Y = C + I + G \qquad ①$$

　国民所得Ｙの源泉は国内で生産されたものの総価値（総供給）ですから，上記の式は，総需要と総供給が等しくなるという関係も示しています。

　次に消費Ｃが同じ期の国民所得Ｙの大きさに依存するとする，以下のような簡単な**ケインズ型消費関数**を定義します。なおａは基礎的消費（a＞0），ｂは消費性向（国民所得のうちどの程度を消費に回すかの割合，0<b<1）としています。ｂの大きさから，国民所得が増えれば，その増加分よりは小さい程度に消費が増える，という関係になります。

$$C = a + bY \qquad ②$$

　また民間投資 I と政府支出 G は与件（国民所得に依存しない，与えられたある一定の額 I_0, G_0 ）とします。

$$I = I_0 \qquad ③$$
$$G = G_0 \qquad ④$$

　総需要 Y は②で示した C と③で示した I，そして④で示した G と，3つの需要を足し合わせることで決定されるので，総需要は図表20のC＋I＋Gと示された線になります。この総需要線は，もし投資 I や政府支出 G が増えれば，総需要C＋I＋Gは増加するので上方にシフトします。消費性向が増加すれば総需要線の傾きが急になるという変化が生じます。

　図には45度の傾きを持つ補助線が描かれています。この線は，その上にあるどの点も，縦軸の値（総需要C＋I＋G）と横軸の値（国民所得Y＝総供給）とが一致するという関係を持つ点です。したがってこの補助線と，総需要線C＋I＋Gとの交点 E_1 は，総需要の値と国民所得（つまりは総供給）の値が均衡す

図表20　均衡国民所得の決定

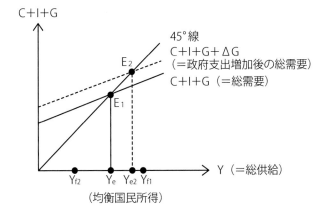

る点であり，これに対応する Y_e が**均衡国民所得**となります。

　さてこの均衡国民所得水準は，資源をすべて活用するような望ましい（効率的な）所得水準（完全雇用国民所得 Y_f）と同じ水準になるとは限りません。

　例えば（$Y_e < Y_f$）となるとき，つまり均衡国民所得が**完全雇用国民所得**に達していないときには，有効需要の不足（**デフレ・ギャップ**）によって経済に遊休資源が存在しています。このとき，政府支出の拡大 ΔG や減税 ΔT を伴う予算を編成すれば，**有効需要の不足**を補うことができます。

　先ほどの図を用いれば，政府支出の拡大 ΔG や減税 ΔT によって総需要線 C＋I＋G は上方の C＋I＋G＋ΔG にシフトし，均衡点は右上方向 E_2 に移動し，結果として均衡国民所得が増加し Y_{e2}，デフレ・ギャップが縮小して完全雇用水準 Y_{f1} に近づくようになります。

　以上とは逆に，経済が過熱しインフレーションが発生している（**インフレ・ギャップ**が存在する）場合は完全雇用水準が Y_{f2} のようなケースです。この時には，政府支出の削減や増税によって有効需要を減らし，結果としてインフレ・ギャップを縮小させることができます。

　これが，有効需要の過不足を政府が補うことで経済をより望ましい状況に移行させることができるという，経済安定の基本的なメカニズムです。

乗数効果

　ところで，政府支出を変化させたり増減税を行ったときに，それらの策がどの程度，国民所得の大きさに影響を与えるのでしょうか。これは以上のモデルを少し応用することで確認できます。

　まず，政府支出拡大が国民所得に与える効果を検討してみましょう。

　先ほどのマクロの恒等式①②③④を Y についてまとめてみますと，

$$Y = \frac{1}{1-b}(a + I_0 + G_0) \qquad ⑤$$

となります。この式から，政府支出 G_0 を増加させると，増加額に $\dfrac{1}{1-b}$ を掛け合わせた大きさだけ国民所得が増加することがわかります。政府支出額に掛け合わせる $\dfrac{1}{1-b}$ を**政府支出乗数**とよびます。b は消費性向 $0<b<1$ でしたから，仮に b が 0.8 とすれば，政府支出乗数は 5 となります。政府支出乗数が 5 ですと，例えば 1 億円の政府支出増によって，国民所得は 1 億円に 5 をかけた 5 億円だけ増加する，という関係になります。

次に，増減税が国民所得の大きさに与える影響を検討してみましょう。②で出てきた消費を，当初所得 Y ではなくて，租税 T が引かれた後の所得（可処分所得 Y − T）の大きさに依存するよう改めます。

$$C = a + b\,(Y - T) \qquad ②'$$

その上で，①②′③④を満たすような国民所得 Y を求めると，

$$Y = \frac{1}{1-b}\bigl(a+I_0+G_0-bT\bigr) \qquad ⑥$$

この式から，租税 T を増税すると，増税額に $\dfrac{-b}{1-b}$ を掛け合わせた大きさだけ国民所得が増加（分子につく符号がマイナスなので，実際には減少）することがわかります。税額に掛け合わせる $\dfrac{-b}{1-b}$ を**租税乗数**とよびます。b は消費性向 $0<b<1$ でしたから，先ほどと同じように b が 0.8 とするならば，租税乗数は − 4 となります。租税乗数が − 4 ですと，例えば 1 億円の増税によって，国民所得は 1 億円に 4 をかけた 4 億円だけ減少するという関係になります。ここまでで，政府支出乗数と租税乗数を確認しました。最後に政府支出を 1 億円増加する代わりに同額の増税を行うという，赤字にも黒字にもならない均衡財政をしいた場合，国民所得へはどう影響するでしょう。

　上の数値例からわかることですが，直感的にはプラスマイナス０に見える均衡予算の編成によって，実は１億円だけ国民所得が増大します。このように，政府支出額と増税額を同じにした均衡予算の乗数は常に１になり，政府支出額分（＝増税額分）だけ国民所得が拡大することを，**均衡予算定理**とよびます。

フィスカル・ポリシーとビルトイン・スタビライザ

　以上の例のように，有効需要の過不足に対して政府支出を管理したり，増減税を行うといったような，予算を裁量的に措置して総需要を変化させ経済安定化を図る政策は，**財政政策**（フィスカル・ポリシー）とよばれます。新型コロナウィルスに起因する景気の落ち込みに三度にわたる補正予算を組んだり，歳出拡大型の新年度予算編成で対応した近年の経済対策は，フィスカル・ポリシーの典型的な例です。

　財政政策（フィスカル・ポリシー）は，経済状況を把握し，これに対応して予算編成や立法化を行い，これが国民に認知される，という多くのステップを踏みますので，実際の効果が発揮されるまでに一定のラグ（遅れ）が生じやすいという欠点があります。一方で，規模の大きな措置をとることで大きな効果を期待できる政策です。

　他方，そのたびごとの裁量的な予算編成を経なくとも，すでに制度に組み込まれている仕組みが総需要を経済安定に資する方向に動かすことがあります。財政政策（フィスカル・ポリシー）のような**ラグ**（遅れ）が生じにくいこれらの仕組みを，**ビルトイン・スタビライザ**（自動安定化装置）とよびます。

　例えば，社会保障制度の一環として制度化されている失業保険制度があります。経済停滞によって失業者が出れば，このしくみによる失業給付金が支給され，失業者の消費の極端な落ち込みを防ぎます。また所得再分配の側面から所得税率は累進的に設定されています。この制度は，所得が低下したときには納税額が大幅に減少するしくみでもありますから，経済停滞によって所得が低下しても，可処分所得（税引後の所得）の低下は，緩和されます。

　いずれの場合も，減収となった家計の可処分所得の落ち込みが限定的なら

すこし寄り道 ① 減税や公共投資の経済効果

　短期日本経済マクロ計量モデルを用いて，所得税や法人税の継続的減税（名目GDPの1％相当減税），あるいは公共投資（名目GDPの1％相当拡大），そして消費税率の1％上昇がGDPに与える影響が試算されています。図表21〜24で確認できるように，公共投資拡大の効果は予想されるところですが，所得減税よりも法人税減税の方がGDP引上げ効果が大きくなると試算されています。

図表21　名目公的固定資産形成を名目GDPの1％相当額だけ継続的に拡大

	実質GDP (%)	実質GDP 成長率 (%ポイント)	消費 (%)
1年目	1.09	1.10	0.25
2年目	1.06	-0.07	0.31
3年目	0.98	-0.07	0.34

	名目GDP (%)
1年目	1.13
2年目	1.30
3年目	1.47

備考
名目公的固定資本形成が標準ケースの名目GDPの1％に相当する額だけ増加し，それがシミュレーション期間中継続するものと想定した。

図表22　法人所得税を名目GDPの1％相当額だけ減税

	実質GDP (%)	実質GDP 成長率 (%ポイント)	消費 (%)
1年目	0.41	0.66	0.09
2年目	0.84	0.17	0.24
3年目	0.80	-0.05	0.30

	名目GDP (%)
1年目	0.41
2年目	0.90
3年目	1.00

備考
法人税を標準ケースの名目GDPの1％相当額だけ減税し，それがシミュレーション期間中継続するものとした。

38 ──○

	実質GDP (%)	実質GDP 成長率 (%ポイント)	消費 (%)
1年目	0.23	0.24	0.63
2年目	0.25	0.01	0.75
3年目	0.26	0.01	0.84
	名目GDP (%)		
1年目	0.22		
2年目	0.27		
3年目	0.35		

図表23 個人所得税を名目GDPの1%相当額だけ減税

	実質GDP (%)	実質GDP 成長率 (%ポイント)	消費 (%)
1年目	-0.28	-0.50	-0.62
2年目	-0.19	0.01	-0.50
3年目	-0.20	-0.02	-0.51
	名目GDP (%)		
1年目	0.27		
2年目	0.30		
3年目	0.23		

図表24 消費税率を1%ポイント引上げ

備考
1．所得税を標準ケースの名目GDPの1％相当額だけ減税し，それがシミュレーション期間中継続するものとした。
2．財政支出は実質ベースで固定されており，名目額は物価の動きに応じて変動している。
3．2．については，本節以下のすべてのシミュレーションについて同様。

備考
消費税率を標準ケースと比べて1％ポイント引き上げ，その変化がシミュレーション期間中継続するものとした。

出所：経済社会総合研究所（内閣府）のホームページから一部抜粋。

ば，消費の落ち込みも緩和され，総需要の落ち込みも緩和されます。不況時に大幅な減収になることが多い法人税にも類似の効果が認められます。

　これらを通して，総需要の落ち込みが緩和されますが，経済安定という目的にそった充分おおきな効果までは期待しにくい面もあります。

政策の有効性

　ケインズの『一般理論』発刊後，1960年代のアメリカの経済的好調の時代を経て，フィスカル・ポリシーは各国政府にとって不況対策上有効なツールと認められ，世界はもはや世界恐慌レベルの苦境には見舞われないのではないかと思われました。

　しかしアメリカ経済が財政赤字を膨らませる一方で，かつてほどの経済的
勢いを失うようになる 1980 年代以降，ケインズ的な政策に対する懐疑的視
点がいくつか提示されるようになりました。3つの視点だけ説明しておきま
しょう。

　第一は，**クラウディング・アウト**（締め出し効果）が発生して総需要の効果
が減少するという指摘です。政府支出の拡大が膨大な国債発行によって賄わ
れると，金融市場の需給バランスが崩れ，いわば借金の価格ともいえる利子率が
上昇します。利子率の上昇は民間の投資意欲を抑制し（民間部門の活動が締め出
され），経済成長の低下につながるという視点です。

　利子率は当該国の国債発行額だけで決まるものではありませんが，政府の経
済活動が民間部門の経済活動と金融市場を介してバッティングしあうという視
点は重要です。国債について述べた6章で再び触れますが，膨大な財政赤字を
かかえる国々にとって，金利水準は注目すべき指標です。

　次の視点は，経済停滞時に失業水準を下げようとケインズ的政策をうって
も，社会制度や産業構造などによって決定されている長期均衡的な下限水準
（自然失業率）に直面すると，もはやそれ以上，失業率を低下させることはでき
ず，結果として高失業率と高インフレ率が並存してしまうという指摘です。

　1960 年代のアメリカで見られたような，失業率とインフレ率の間に成り立
つ短期的な右下がり関係（「短期的には，失業率を下げるにはインフレ率を引き上げ
れば良い」）を主張するのがフィリップス曲線です。この**フィリップス曲線**が，
長期的には垂直な部分を持つとするのがこの考え方で，アメリカの経済学者フ
リードマン（1912 - 2006）らが主張し，**自然失業率仮説**とよばれています。イ
ンフレ予想にかんする人々の経済行動の捉え方に特徴があります。

　最後にあげるのは，政策の決定システムの視点です。一般的な経済学が，
市場における各経済主体の合理的な決定がもたらすものを分析するのに成果
をあげたのに対して，アメリカの**ブキャナン**（1919 - 2013）など公共選択派
の研究者は，現実の政策決定過程では，選挙や官僚の制度，有権者や政治家
を巻き込んだ政治的決定メカニズムが介入するので，この面の深い分析が必

要だという立場をとりました。

　ケインズ政策との関連では，間接民主主義選挙制度に存在する固有のバイアスをあぶり出しました。すなわち，政府支出の拡大のようにすぐに目に見える短期／直接的な利害にかかわる政策には有権者はポジティブに反応するので，歳出や減税の拡大を主張する議員は選挙で当選しやすい。このような政策が実施されたのち，好況となった時点で赤字削減／増税策を実施すれば，景気変動全体として均衡財政が保たれ，健全財政が維持される。本来はそうありたいところだが，財政赤字が放置されることによって将来起こる「かもしれない」インフレや財政破綻に備えた歳出削減は有権者にとって長期的／間接的に感じられ，これを主張する議員は選挙で退けられる。

　得票最大化を図る政治家は拡大的政策を主張し，同様の主張をする政治家ばかりが当選し政策は実行に移され，かくて財政赤字は拡大し続けるというわけです。

　ケインズ自身は民主主義的な選挙制度が持つこのような赤字財政へのバイアスを明確には想定しておらず，有能な官僚の支配によって政策が適切にコントロールされると考えていたとされています。賢人たちによる適切な政策管理という想定は，ケインズが生まれ育ったケンブリッジの街名にちなんで「ハーヴェイ・ロードの前提」とよばれています。

第3章

予算のはなし

　予算は，政府が行う公共サービスの収支明細を国民に示す，民主主義国家にとって重要なものです。もう少し厳格に，ドイツの財政学者ノイマルク（1900 – 1991）の『財政学ハンドブック』（1952）にそって予算を概念規定しようとすれば，「未来の一定期間について，定期的に，体系的 / 合理的に，執行義務のある活動への最高支出額を規定し，支出に見合うように収入を見積もられたもの」とすることになります。これは，「事前性」「期間の区切り」「定期性」「体系性合理性」「執行義務を伴う支出」「支出に見合う見積もりとしての収入」という点が予算の重要ポイントであることを示しています。

　ところで予算という言葉の英語 budget は，もともと何かを入れる革袋だとか鞄，財布，あるいはその中に入れられた物の意味で使われていた言葉でした。OED（オックスフォード英語辞典）には，18 世紀のイギリスで起こった政府の歳入調達方法についての論争の渦中で使われたフレーズ open the budget（予算を議会に提出する，財政演説をするなどと訳されます）が「予算」を意味する文例として掲載されています。

3－1．予算の機能と予算原則

　このような予算の制度はどのような目的を持ち，また予算に期待される機能はどのようなものでしょうか。例えば OECD のジャーナルで A. シックがあげたのは，予算制度の目的として，財政規律に基づく総額コントロールと資源配分上の効率性確保という，たったふたつのシンプルなものでした（The

Changing Role of the Central Budget Office 2001）。しかし，より一般的には，

① 使途や財源について事前に検討しておくことで効率的な運営をねらうという**資源配分計画化機能**
② 政府が何をしようとしているかを情報公開することで国民が政府を統制しうることを保証する**情報公開機能**
③ 政府がなすべきことを明確にし，その実行を財政的に可能にする**政府活動の財政／管理機能**
　なお，②と③と合わせ，民主主義の根幹にかかわる機能ということもできます。
④ 政治的論争に一応の区切りをつける**政治的決着機能**
　これによって安定的な財政運営が確保されることになります。

があげられるでしょう。そしてこれらの機能が充分に発揮されるためには，予算制度がどのような性格を持つべきか，これについて議論するのが予算原則論です。

　予算原則として最初にあげられるべきは，民主主義的な財政運営の根幹／基本ともいえる①**公開**の原則です。これは，予算案を国会／国民に公開すればそれだけでよしとはいえず，より良い財政運営に向けての改善へのステップとなることが期待されているとみるべきでしょう。

　ついで，予算の各段階にそって予算原則を検討してみましょう。

　編成段階にかかる原則として，②**精確**の原則，③差引き額だけを提示することがないようにする**完全**の原則，④歳入歳出を一括計上して総覧性を高める**一体**の原則，⑤歳入歳出項目を適切に区分する**明瞭**の原則があげられます。

　さらに，議決段階においては，⑥**事前決定**の原則，執行段階については，⑦執行項目・額・時期についての**限定**の原則が加えられます。

　財政法第 12 条に，ある会計年度の経費はその年度の歳入をもってすることが規定され，同 42 条に，毎会計年度の歳入歳出予算の経費額は翌年度に使用

することができないと規定されています。これらの規定のように，会計年度における経費はその年度の歳入をもって完結し，他年度に影響を及ぼさないことで財政の健全性を保つことができるという考え方は，**会計年度独立の原則**とよばれます。

　また憲法86条に，内閣は毎会計年度に予算を作成提出し，国会の審議議決を得るべきことが規定されています。会計年度ごとに国会の予算審議権を確保することが予算を民主的にコントロールすることにつながるという考え方は，予算の**単年度主義**とよばれています。

　ところで，これら原則は現実の制度でも厳密に貫かれている，というわけでは必ずしもありません。

　例えば税収見積もりの精確さは，経済成長率の予測などに基づくことはできても，新型コロナウィルス禍のような突発的な事象を想定できませんから，当然限界はあります。

　また，予算の効率的な執行のために，あえて原則論から外れた対処がなされている点もあります。

　一般会計予算に加えて，受益と負担の関係を明確にするなどのねらいで特別会計予算が併置されていますが，これは総覧性に欠けることにもなる点で，一体性の原則の例外とみることもできましょう。

　一体原則を，歳入と歳出の個別的な関係を否定しているという側面でとらえると，**ノンアフェクタシオン**の原則とよばれることにもなります。この点からすると，受益者負担的な面を持つ目的税は原則から外れるとみることもできます。

　また，財政法で認められている歳出予算の繰越，国庫債務負担行為，継続費は予算の単年度主義の原則を緩和した制度です。

> すこし
> 寄り道 ②　**離れですき焼き**
>
> 　小泉純一郎内閣下の平成15年（2003年），歳出削減の観点から当時30以上あった特別会計の問題点が国会で論議されたとき，当時の塩川財務大臣は「母屋ではおかゆを食ってけちけち節約しているのに，離れ座敷で子供がすき焼きを食っておる」という例え話をしました（衆議院『財務金融委員会会議録』）。一般会計と比較してなかなかメスが入りにくい特別会計の問題点を指摘されての答弁でした。
>
> 　とはいえ，その小泉政権下で標榜された「国債発行額30兆円以下」が当初予算で実現できたのには，あまり注目されない特別会計と一般会計の間の資金の流れを活用したおかげもあると指摘されています。特別会計の積立金や剰余金のような余剰資金のうち財源として活用できる部分を「埋蔵金」と称し，また将来，一般会計から特別会計に返済されなければならない部分を「隠れ借金」と称して，これらを本来の趣旨や目的とは異なる形で活用し，一般会計の健全性が保たれたように見せること（ドレッシング）は，近年でも行われています。いずれにせよ，財政状況を示す指標を形式的に見るだけで一喜一憂するのは適切ではないということでしょう。

3－2．憲法からみる予算

　憲法では，第83条からの第7章に予算にかかわる条文を設けています。

第83条
　国の財政を処理する権限は，国会の議決に基づいて，これを行使しなければならない。
第85条
　国費を支出し，または国が債務を負担するには，国会の議決に基づくことを必要とする。

　以上の2つは，国会に予算の審議権，議決権があることを定めたもので，**財政民主主義**の規定とよばれています。これらの規定は，財政を国民の手のもとにおくべくたどってきた近代民主主義の歴史を思うと，最重要な規定の1つだと言えるでしょう。

第86条

　内閣は，毎会計年度の予算を作成し，国会に提出して，その審議を受け議決を経なければならない。

　さらに内閣の事務を規定した第6章に，

第73条

　内閣は，他の一般行政事務の外，左の事務を行う

　……

　5 予算を編成して国会に提出すること

と規定されています。これらは，**内閣の予算編成権と国会の審議権**を規定したものです。

　財政民主主義を国会における審議という形で実現しようとする一方で，その出発点となる予算の編成は内閣のみが行う仕組みを求めています。内閣の予算編成権を，「政府案とは異なる予算案を議員から提出できる，議員立法のような仕組みとしていない」という側面からみて，予算についての**国会の審議権**の範囲には制約があるのではないか，予算を増額修正するような大幅な変更までも国会に認められていると解すべきなのか，と議論がなされたこともありました。

　以下，

第87条

　予備費について，内閣の責任で支出するが事後に国会の承諾をうるべ

きことを定めた条文

第88条
　皇室財産や皇室の費用に国会の議決を求めた条文

第90条
　収入支出の決算を会計検査院が検査し，内閣が作成する検査報告と合わせて国会に提出すべきことを定めた条文

第91条
　国会および国民に財政状況について内閣が報告することを定めた条文

となっています。これらについては，後述する予算過程の項で若干説明を加えておきます。

3−3．予算の過程

　日本の予算は，4月1日から3月31日までの1年間に執行され，この1年間を**会計年度**といいます。

すこし寄り道 ③　**会計年度**

　会計年度は，日本国は財政法により，都道府県は地方自治法により規定されています。国により年度の始まりと終わりの日程は異なり，例えばアメリカは10月1日から翌年の9月30日まで，ドイツやフランスは1月1日から1年間という具合です。国際比較する場合には若干の注意が必要なときもあるかもしれません。
　明治中ごろまでは，財政状況などの事情で日本の会計年度も何度か変更され，会計年度が1月に始まったこともありました。

図表 25　令和3年度一般会計歳出・歳入の構成

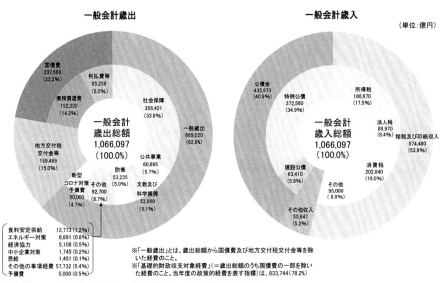

（注1）計数については、それぞれ四捨五入によっているので、端数において合計とは合致しないものがある。
（注2）一般歳出における社会保障関係費の割合は53.6%。

出所：財務省『我が国の財政事情』令和2年12月。

　図表 25 は令和3年度（2021 年度）の国の一般会計当初予算をグラフ化した
ものです。当初予算とは，4月1日からの新しい会計年度に執行されるよう編
成／審議／議決された予算です。

予算の種類

　一般会計予算という言葉が出てきました。

　社会保障や教育，産業育成など政府の一般的な公共サービスを包括的に示
し，その財源として税などを受け入れるのが一般会計です。これは政策の全体
像を理解するときにひとまず検討される予算です。

　しかし予算はこれだけではありません。

　行政内容が多様化する中，受益と負担の関係を明瞭にしたり，事業ごとの収
支を明瞭にすることで効率があがるとし，法律で定められた**特別会計**が 13 ほ

どあり，その総額は 494 兆円ほどになります。例えば，国債整理基金特別会計，交付税及び譲与税配付金特別会計，東日本大震災復興特別会計，食料安定供給特別会計，エネルギー対策特別会計，外国為替資金特別会計などが特別会計の例です。

　これらの会計の間には資金の出入りがあるため，これら予算の全体規模を計算するときには重複部分を差し引く調整をしないと，過大な額になってしまいます。そのような調整がなされた後の予算額を**純計**とよびます。令和 3 年度予算純計は 245 兆円ほどでした。なお特別会計には積立金や剰余金のような余剰資金のうち財源としても活用できる部分があり，また将来，一般会計から特別会計に返済されるべき部分もあります。これらを一般会計と特別会計の間の資金の流れの中で活用して，本来の趣旨や目的とは異なる形で，見かけ上の一般会計の数値をよくする（公債依存度や公債発行額を低めにするなど）こともあります。これはドレッシングとよばれています。

　さらに，政府が全額出資し，その予算が国会の議決を必要とする 4 つの**政府関係機関**もあります。例えば，日本政策金融公庫，沖縄振興開発金融公庫，国際協力銀行などです。

予算の過程

　予算は，①編成　②審議　③執行　④決算，と大きく 4 つの過程／段階に区分することができます。

　まず，翌年度予算の編成作業が始まってから，各省庁の概算要求が財務省に集められたのち，いくつかの過程を経て予算案として国会に提出される形式に整えられるまでの段階が，予算の**編成**段階です。その予算案が国会（通常 1 月に開催される常会）に提出されると，**審議議決**という政治的過程の段階に入ります。そして議決された予算を各省庁の長が責任を持って**執行**する 1 年間が終わると，執行済み予算を整理し，実績を検討する**決算**の過程となります。予算の編成から決算の成立まで，1 つの年度の予算には足掛け 4 年程度の歳月が流れることになります。

予算の第一段階　編成

　先述のように，我が国では法律とは異なり，予算の編成は憲法86条により内閣の権利であるとされています。

　例年8月末，各省庁が求める翌年度予算の姿（**概算要求**）がまとまる頃に，その内容が盛んに報道されるようになります。各省庁の概算要求が財務省に集まると，主計官たちによる（**概算**）**査定**がはじまります。そもそも概算要求は，例年7月末ごろに提示される**概算要求基準**にそったものとなっていますが，12月上旬になると，それまでに行ってきた査定の方針を一般化し，予算編成の留意点，財政規模や公債発行総額などを示した**予算編成の基本方針**が閣議決定されます。この後，**閣僚と財務大臣との折衝**を経て，12月20日ごろには，**予算の政府案**が閣議決定されます。

概算要求基準

　増加の一途をたどる財政赤字への現実的解決策の1つとして，各省庁の予算要求額の上限を定め，総枠で一律に抑制するというシーリングが行われてきました。

　これは，個別項目ごとに枠をはめるのではない点で政治的圧力を回避しやすい経費節減方法であったとされる一方，歳出抑制の姿勢に注目が集まりやすい当初予算段階では認められなかった経費がその後の補正予算で認められるなどのような，実質的な抜け道もあったとも指摘されています。昭和57年度から平成5年度までは，前年度伸び率を下回る（マイナス・シーリング）とりわけ厳しい規定となっていました。なお2020年7月21日に出された「令和3年度予算の概算要求の具体的な方針」では，コロナウィルス感染症対応など緊要な経費について言及されています。

概算査定

　財務省主計局主計官らによる概算査定に際しては，政府の政策との整合性／関連性や社会的ニーズ，緊急性などが問われることになります。前年度の実績

が基準となり，特別な事情がない限り新規に計上されたり変更されたりした項目のみを検討／調整する，いわゆる**増分主義的査定**は，とりわけ地方財政においては，かつてほどには見られなくなったと指摘されています。

近年の予算編成

新型コロナウィルス禍にあった 2021 年度の予算編成は，例年と異なる日程となり，概算要求は例年から 1 ヵ月遅れの 9 月末日に締め切られました。概算要求の段階では一般会計の総額は過去最大額を更新し，105 兆 4,071 億円となっています。予算編成の基本方針は例年同様，12 月上旬に閣議決定されています。

予算の第二段階　審議・議決

先述のように憲法第 83 条に「財政を処理する権限は国会の議決に基づく」と規定され，第 86 条に「予算を国会で審議する」とされています。

新年度予算の政府案は，常会（通常国会）に提出され審議されます。常会は年に一度 1 月に召集され，会期は 150 日間，例年 6 月に閉会します。なお平成 27 年（2015 年）のように，会期を大幅に延長し 9 月 27 日までの 245 日間になった年もあります。

本会議の冒頭に，いわゆる政府四演説の 1 つとして財務大臣が予算の概要などを説明する財政演説を行い，続いてこれに対する各党の代表質問がなされます。

予算について実質的／専門的な審議は 2 週間程度開催される委員会でなされます。予算に関わる委員会としては，全閣僚が出席して開催され委員数も最大の**予算委員会**，いわゆる赤字公債発行のための財政特例法や税制改革について審議する**財務金融委員会**などがあります。委員会で審議され過半数の議決をえると，本会議での審議・議決へと進みます。

本会議では議員総数の 3 分の 1 の出席のもとで過半数の議決を得れば予算成立の運びとなります。

委員会

　参議院には，予算委員会や財務金融委員会のほか，決算委員会，行政監視委員会，国土交通委員会，厚生労働委員会など17の常任委員会があります。衆議院もほぼ同様の委員会があり，国会議員はいずれかの委員会に所属して，専門的で詳細な審査を行い議決に加わります。中でも予算委員会は，いわゆる大物議員が所属していることも多く，いわば花形委員会と考えられています。

憲法に規定された予算案における衆議院の重視

　憲法第60条により，予算案はまず衆議院に提出されて審議議決を受けること（**予算の先議権**）とされ，第2項で衆議院と参議院で議決が異なる時には**両院協議会**を開いて協議することが求められています。それでも意見の一致をみない時，または参議院が予算を受け取った後，国会休会中の期間を除き30日以内に議決しない時には，衆議院の議決が国会全体の議決となる（自然成立）よう規定されています。

　このように衆議院が優越されるという点は法律案の場合（憲法第59条）と類似していますが，法律案の場合には両議院の協議会における協議開催を「妨げない」など，予算案とは若干異なった扱いが規定されています。

予算書と予算参照書

　国会で審議される予算は，一定の形式をもって体系的にまとめられた予算書，これに添付される予算参照書などで詳細に確認することができます。

　予算の種類によって記載されるべき形式は異なりますが，一般会計予算では以下の5つの形式を備えています。

　まず，予算書冒頭に置かれる**予算総則**。ここには予算書の内容目次や総括的な規定，予算運営上の重要事項が記されています。具体的には歳入歳出予算の総額や国債発行の限度額，国債発行に対応する公共事業の範囲などです。

　次に記載されるのが，予算書の中核部分ともいえる**歳入歳出予算**です。歳入及び歳出という用語は，財政法冒頭で

> 第一章　財政総則
> 第1条
> 　国の予算その他財政の基本に関しては，この法律の定めるところによる。
> 第2条
> 　収入とは，国の各般の需要を充たすための支払の財源となるべき現金の収納をいい，支出とは，国の各般の需要を充たすための現金の支払をいう。
> 　中略
> 　○4　歳入とは，一会計年度における一切の収入をいい，歳出とは，一会計年度における一切の支出をいう。

と定義されています。

　さて歳入歳出予算ですが，これは体系的に区分されており，歳出予算では所管，組織，項の順に，歳入予算では主管，部，款，項などの順に，次第に細分化されていきます。議決の対象となる項までを**立法科目**とよび，さらに細分化された目は行政内部での監督対象となります。

　ついで，防衛庁の艦船建造のように，着工から完成まで数会計年度かかるものが，年割額とともに計上される**継続費**，そして，治水事業のように，経費の性質上，年度内に支出が終わらずに翌年度に持ち越される**繰越明許費**が続きます。これらはいずれも，予算原則にいう**単年度主義**の例外であり，後年度負担を増大させがちだと指摘されることもあります。

　そして，義務教育教科書購入費のように，複数年度にわたる契約を締結する段階で国会の議決を得ることになる**国庫債務負担行為**が記載されています。ここには，具体的事項や限度額，行為年度と国庫の負担となる年度が明記されています。

やってみよう②

ホームページで資料確認

　印刷ベースでは極めて大部なものとなる予算書 / 予算参照書ですが，財務省の
ホームページで実際に確認することができます。現在の財務省ホームページ
(https://www.mof.go.jp/) から「財務省の政策」，「毎年度の予算・決算」とた
どっていくと，各年度の一般会計や特別会計などの予算書や予算参考書類をはじめ
とする予算に関連した多くの資料を，PDF や EXCEL などの形式で得ることができ
ます。

予算の第三段階　配賦と執行

　各省庁の長が，責任を持って予算を執行する段階です。まず，予算の執行を
命ずる行為を**配賦**とよびます。予算執行にあたっては，**国庫金**の状況や経済的
要因を勘案する必要があり，総括的な責任者である**財務大臣**は，各省庁の長が
作成する**支払い計画**，あるいは支出負担行為実施計画を承認することによっ
て，支出するタイミングをコントロールすることとなります。

　ところで，歳入予算は見積もりに過ぎず，予定通りにならないこともありま
す。歳出予算では，年度途中で目的を変更したり資金を融通した方が適切にな
る場合もあります。法律の改廃により権限が委譲されるケースもその一つで，
この場合には，部局や項の間で資金融通が行われます（**移用**）。

予備費と補正予算

　災害復旧や選挙が実施された場合には，**予備費**が使われます。

　憲法第 87 条に国会の議論を経ずに内閣の責任で支出できると規定された予
備費は，近年は 5,000 億円ほどの規模でしたが，リーマン・ショックや東日本
大震災時には 8,000 億円から 1 兆円という規模で実施されたこともあります

（第2次補正予算後）。

　新型コロナウィルス対策が必要となった2020年度の予備費は，これらの額を大幅に上回る約12兆円（第2次補正予算後）に膨れ上がり，一般会計総額の8％近くが国会の審議を経ないで支出される点に注目が集まったのは記憶に新しいところです。2021年度予算でも約5兆円が計上されています。

　これら比較的簡便な形での対処に対し，予算の使い方をもっと大規模に変更する必要が生ずる場合もあります。経済環境の変化に対応する経済対策費や災害が大規模に生じた場合の災害復旧費など，予算作成後に生じた事由で支出が必要になった時には，予算作成の手順に準じて**補正予算**が編成されることがあります（財政法第29条）。

　補正予算は同年度に複数回編成されることも珍しくなく，近年は補正予算が翌年度予算と一体で編成され，これを **15ヵ月予算** とよぶことがあります。新型コロナウィルス禍にあった2020年度予算では，第1号補正予算（4月末成立），第2号補正予算（6月成立）と編成され，2021年1月に成立した第3号補正予算は翌年度当初予算と一体化した **15ヵ月予算** となりました。

　また補正予算は「特に緊要となった経費の支出」を行うためである旨規定されています。実際には査定が甘くなったり，当初予算で却下された事業が入り込む傾向があるとされ，予算総額を膨張させたり財政規律の抜け穴化していると指摘されることもあります。2020年度では，この過程で予算規模は当初予算の103兆円が160兆円まで約1.6倍に膨張しました。

国　庫

　国家は適切な水準の資金を手許に維持しつつ予算を執行することになります。国を財産権の行使主体としてみた時に国庫とよび，国庫に属する現金（国の一般会計や特別会計の手許現金，各種政府資金の残高など）を国庫金とよびます。

　国庫金，ないしこれを含む財政資金の出入りの大きさを財政側から見た指標を国庫対民間収支，財政資金対民間収支とよび，これら指標は，歳出予算の執行時期，税の収納時期や地方交付税の交付時期，経済状況などによって相当程

図表26　財政資金対民間収支の概要（令和2年4月から12月実績）　数字の単位は兆円

	4月	5月	6月	7月	8月	9月	10月	11月	12月
受	13	12.3	16.9	14.4	13.4	14.9	10.3	11.0	
一般会計分	消費税、源泉所得税など受入	消費税、申告所得税の受入	法人税、源泉所得税など受入	消費税、源泉所得税など受入	左同	左同	左同	左同	
払	25.6	26.9	32.3	16.7	18.0	16.5	17.3	12.8	
一般会計分	社会保障費支払、普通交付税交付	社会保障費支払、特別定額給付金	社会保障費支払、普通交付税交付、特別定額給付事業費補助金	社会保障費支払、中小企業再生支援利子補給補助金の支払	社会保障費支払、新型コロナウィルス感染症対策再小企業等持続化給付金の支払	左同	左同	左同	
収支尻 受入超過額	0.9	10.1	17.8	24.3	18.6	9.7	17.7	21.7	4.4
一般会計・特別会計等小計（支払超過額）	12.6	14.6	2.3	4.6	1.6	1.6	6.9	1.8	7.3
国債等・国庫短期証券等小計（受入超過額）	13.3	24.5	31.1	27.8	23.9	11.5	25.2	23.5	11.7

出所：財務省ホームページより作成。

度変動します（図表26）。国庫金が一時的に不足する時には，予算で認められた限度内で，当該年度に借入／償還をなす**国庫短期証券**が発行されたり，日本銀行からの一時借入金で対処します。

予算の第四段階　決算

　予算の配賦／執行を終えると，予算の整理・実績の検討を行う最終段階にはいります。

　当該予算年度の翌年度7月末に歳入歳出主計簿が締め切られた後，各省庁から提出される歳入歳出の決算報告書等に基づいて作成された歳入歳出決算が閣議決定され，**会計検査院**に送付されます。

　会計検査院は，憲法第90条にしたがって，予算が適法に，目的に沿って効率的に執行されたかを，内閣から独立した立場で専門的に検査します。これは，内閣が作成する決算検査報告とともに国会に提出されます（国会開催中であれば11月20日ごろ，衆議院と参議院に同時）。決算の実質的な審査・討論は，委員会（衆議院は**決算行政監視委員会**，参議院は**決算委員会**）でなされ，翌年5〜6月ごろ採決されると委員会での審査が終了します。この後，本会議で議決され，常会会期中に決算審査は終了します。

　決算の審査は，審査により問題点が発見されても予算自体の修正ができず，注目度が低く軽視されがちな点が指摘されています。決算が議決されずに積み残された決算が積み上がり，衆議院では2017年度に4年分の決算を議決することにもなりました。**決算審査の適正化**で直近年度予算の効率的運営が実現できるよう，参議院では平成15（2003）年度決算以降は決算の提出時期を早め，審査の迅速化を図るなど，改革の試みがなされはじめています。

近年の決算検査

　平成30年度決算は，翌会計年度にあたる令和元年（2019年）9月に会計検査院に送付され，国の収入支出の決算を検査の上，335件1,002億円の改善が必要だとする**決算検査報告**を作成，内閣へ送付しました。これらは11月19日に

国会に提出され，令和2年（2020年）6月に決算委員会で採決されたのち，本会議で審査の経過と結果が報告され，討議・採決と進みました。

　令和2年の決算検査にあっては，新型コロナウィルスの影響で調査が一部制限されるなどの影響があったものの，「国土交通省，外務省など改善を必要とする事業が248件，297億円あった」などとする令和元年度の決算検査報告が11月に提出されました。詳細は会計検査院のホームページ（https://www.jbaudit.go.jp/）で確認することができます。

剰余金

　景気動向の変化や歳出の変更が行われ，決算の時点で歳入と歳出がバランスしなくなる可能性があります。

　一般会計では，歳入決算総額から歳出決算総額を差し引き，ここから翌年度への繰越額見合財源，さらには地方交付税等など使途確定財源などを差し引くなどして（財政法第6条の）**純剰余金**を算出します。財政法第6条にしたがって，その半分を下らない金額を翌々年度までに公債などの償還財源とすべく**国債整理基金特別会計**に繰り入れること（剰余金繰入）になっています。

　特別会計では，特別会計の歳入歳出決算額の単純な差額として決算上の剰余金が算出されます。

　平成30年度一般会計決算では，財政法第6条の純余剰金が1億3,283万円（令和元年度6,852億円）でした。特別会計の剰余金は9.2兆円（9.3兆円）発生し，一般会計への繰入，翌年度特別会計歳入，積立金への積立にあてられています。

第4章

租税概論

　租税制度や租税負担が納税者の納得するような形になっていないと感じれば，場合によっては国家体制自体が根本からひっくり返ってしまうところまで行き着くことさえあると，世界の歴史は教えてくれています。植民地アメリカに対するイギリスの茶税がきっかけとなったアメリカ独立戦争のスローガン**（代表なくして課税なし）**はあまりにも有名ですが，この内容はヴァジニアの権利章典（1776年6月）に規定されることになりました。

ヴァジニアの権利章典（1776年）

　（6）彼らの（筆者注＝人民）自身の同意，またはかくして選出された彼らの代表の同意なしには，公共の用途のために，課税し，またはその財産を剥奪することはできない。

（岩波文庫『人権宣言集』）

　フランス革命は，第三身分，そして聖職者や貴族階層からも税を調達しようとしたルイ16世によって開かれた三部会が導火線の1つでした。課税権の問題は，**フランス人権宣言**（1789年8月）のなかで，課税の平等（13条），恣意的課税の禁止（14条）という形で現れてきました。

人および市民の権利宣言（1789年）

第13条

　武力を維持するため，および行政の諸費用のため，共同の租税は，不

可欠である。それはすべての市民の間でその能力に応じて平等に配分されなければならない。

第 14 条

　すべての市民は，自身でまたはその代表者により公の租税の必要性を確認し，これを自由に承諾し，その使途を追求し，かつその数額・基礎・徴収および存続期間を規定する権利を有する。

（岩波文庫『人権宣言集』）

　今日の民主主義国家の憲法は，議会が国家権力の課税権の濫用を防止すべきこと，あるいは議会に歳出権限を与える旨を，規定しています。

4－1．租税にかんする憲法規定

　資金を調達し，管理／使用する財政活動が国家活動の基礎的要素であるとすれば，それは国家の基本法（憲法）に規定されることになります。したがって憲法を確認することで，その国の財政の目指すところがある程度明確になるでしょう。

　我が国憲法において，租税にかかる代表的な部分は第 30 条と第 84 条です。

第 30 条　納税の義務

　国民は，法律の定めるところにより，納税の義務を負う。

　我が国の憲法に挙げられている国民の義務は，普通教育の義務（第 26 条），勤労の義務（第 27 条），そして税にかんする義務，すなわち納税の義務です。

　ところで，なぜ納税が義務とされるのでしょうか。

　これを国家が持つ歴史的／経済的な性格から捉えて解明することができます。

　近代以前の絶対主義国家は，経済的にみると，領有地からの収入や特権，独占権によって支出を賄う有産者的な国家でした。そうした領地や特権を王侯から奪いとり，市民の財産権を確立して成立したのが，近代民主主義国家です。

この国家は，労働・土地・資本といった経済的手段を持たない国家，**無産国家**という性格を持つことになります。**無産国家**においては，国民の経済活動の成果の一部を租税等の形で徴収することによってのみ国家運営（公共サービスの提供）を行うことができるのです。このような国家を，オーストリアの経済学者シュンペーター（1883-1950）は**租税国家**とよびました。

市民勢力の台頭に伴い，租税国家は市民の同意を得られるような，市民のコントロールが可能な形での合法的／客観的な財政制度や予算制度を持つよう求められることになりました。

納税の義務という視点は，少し後ろにある「課税の根拠」の項で別の側面から再び説明します。

> 第84条　租税法律主義
> 　あらたに租税を課し，または現行の租税を変更するには，法律または法律の定める条件によることを必要とする。

この条文は，誰にどのような税がどれだけ，どのように徴収されるのかという課税要件を法律で定めるよう求めています。これについては，何をもって税とするのか，法律ではなく条例によって課されることになる地方税の位置付けなどが議論されたこともありました。

4－2．租税収入の推移

令和3年（2021年）度予算における税収については，すでに第3章予算の中で示していますが，もう少し長期的に税収の推移を確認してみましょう。

図表27は1980年代末からの一般会計税収の全体の動きを表しています。バブル期末期（平成2年度）に60兆円を超える税収を集めたあと，景気低迷と減税のため税収は減少基調を続けました。リーマン・ショック後には法人税の大幅な落ち込みなどから，税収総額はバブル期の65％，40兆円を割り込むまで

図表 27　税収の推移

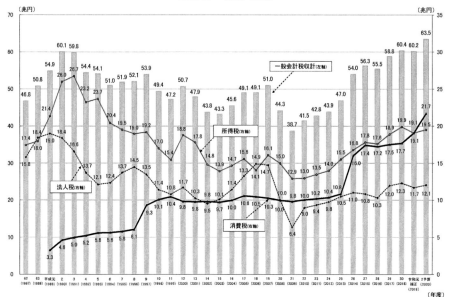

（注）平成 30 年度以前は決算額，令和元年度は補正後予算額，令和 2 年度は予算額である。
出所：財務省ホームページ。

に減少しました。しかしその後の税収は増加基調に転じ，平成 30 年（2018 年）度決算ではバブル期の税収を超える水準にまで達していました。

　令和元年（2019 年）度は法人税収の大幅な落ち込みで税収も一旦減収となりますが，これは米中間で激化した貿易摩擦などによる経済減速の影響だと考えられました。この減速の継続／拡大の懸念を抱えつつ，同年 10 月に実施した消費税率引上げ（10%）によって令和 2 年（2020 年）度は税収増へと向かうはずでした。

4－3．租税の種目と分類の視点

　先のグラフでは，所得税，法人税，消費税の年々の税収も折れ線で記載されています。所得税，法人税，消費税という個々の税の名前にあたるものを，税目とよびます。

以下の図表 28 は現在の我が国の税目を概観したものですが，2 つの視点から分類されています。

図表 28　国税・地方税の税目

	国税	地方税		国税	地方税
所得課税	所得税	住民税	消費課税	消費税	地方消費税
	法人税	事業税		酒税	地方たばこ税
	地方法人税			たばこ税	ゴルフ場利用税
	地方法人特別税			たばこ特別税	軽油引取税
	特別法人事業税			揮発油税	自動車税（環境性能割・種別割）
	復興特別所得税			地方揮発油税	軽自動車税（環境性能割・種別割）
				石油ガス税	鉱区税
資産課税等	相続税・贈与税	不動産取得税		航空機燃料税	狩猟税
	登録免許税	固定資産税		石油石炭税	鉱産税
	印紙税	特別土地保有税		電源開発促進税	入湯税
		法定外普通税		自動車重量税	
		事業所税		国際観光旅客税	
		都市計画税		関税	
		水利地益税		とん税	
		共同施設税		特別とん税	
		宅地開発税			
		国民健康保険税			
		法定外目的税			

出所：財務省ホームページ。

すこし寄り道 ④　とん税

　税目の一覧表の中に「とん税」という聞きなれない国税が掲載されています。これは外国貿易船の入港に対して，貨物や旅客のための船内体積の大きさを示す純トン数に応じて課される税（入港ごとに 1 トンあたり 16 円など）です。海難や検疫による寄港の場合は非課税になります。課税標準が同じ「特別とん税」は，港湾施設を管理する市町村に，使途の制限なく譲与される税（譲与税の 1 つ）です。特別とん税の東京都への譲与額（令和元年度）は 4 億円，横浜市は 11 億円ほどでした。

　近年，国際コンテナ貨物定期船の日本寄港が減少していることを背景に，釜山港などの海外港に対しての京浜・大阪・神戸などの港の競争力向上をにらみ，令和 2 年の税制改正で軽減措置がとられました。

国税・地方税

　最初の分類視点ですが，租税を課税主体によって，国が徴収する税を国税，地方公共団体（都道府県，市町村など）が徴収する地方税と分けることができます。国税の例としては所得税，消費税，揮発油税，関税などがあります。地方税の例としては，個人・法人住民税，固定資産税などがあげられます。

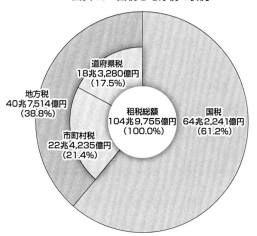

図表 29　国税と地方税の状況

道府県税
18兆3,280億円
（17.5%）

地方税
40兆7,514億円
（38.8%）

市町村税
22兆4,235億円
（21.4%）

租税総額
104兆9,755億円
（100.0%）

国税
64兆2,241億円
（61.2%）

（注）東京都が徴収した市町村税相当額は，市町村税に含み，道府県税に含まない。

出所：総務省『地方財政の状況』令和2年3月。

　国税と地方税の税収を比較してみますと（平成30年度決算），税収全体の6割が国税から，4割が地方税から徴収されており，国税収入にかたよった状態であることがわかります（図表29）。他方，財政支出の面から国と地方の歳出規模（国と地方の財政支出のうち，重複分を除いた**純計**）を比較しますと，国が4割強，地方が6割弱を占め，逆に地方公共団体に偏った状態になっています（図表30）。

　中央政府と地方政府の間にある課税権や行政任務の割り当てなど財政関係を調整する**垂直的財政調整**の1つとして，地方交付税や地方譲与税の制度があります。しかしこれは，地方分権推進の視点からは「地方財政が実質的に国税に依存している」と指摘される部分でもあります。これらについて地方交付税などのしくみを説明した第9章で再び言及されます。

図表30　国・地方を通じた歳出規模

地方の割合　57.5%	国の割合　42.5%

出所：総務省『地方財政の状況』令和2年3月。

所得課税・消費課税・資産課税

次に人々の経済活動を，勤労による所得獲得の活動，所得をもとにした消費活動，貯蓄や資産を残す活動とに分け，それらのどの局面に注目して課税しているのかで分類することがあります。経済活動への影響の違いから望ましい税をさぐったり，あるいは租税負担能力としていずれの指標が適切なのかを検討することができます（図表31）。

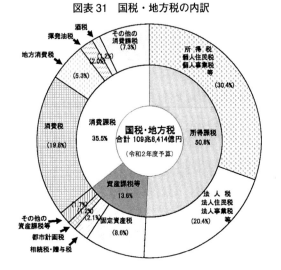

図表31　国税・地方税の内訳

出所：財務省ホームページから。

消費や貯蓄といった経済活動の源泉が結局は所得であるととらえることができれば，所得が租税支払能力（**担税力**）の最も包括的な指標とみることができます。**所得課税**の範疇には，個人所得税と法人所得税など（利子・配当所得のような資産性所得も含む）が含まれます。

所得稼得活動は勤労世代に偏りがちですが，そのような偏りが少ない消費活動に租税負担能力の指標を見いだすこともできます。勤労意欲を低下させるような経済的撹乱要素が所得課税よりも少ない点（人々の意思決定に中立的），あるいは社会の幅広い層が満遍なく負担することになる点に，**消費課税**の特徴が表れます。また共同体に経済的価値をもたらす貢献的活動である所得稼得活動に課税するよりも，そうして獲得された貢献のプールから経済的価値を取り出すことになる消費活動こそ課税されるにふさわしいとする考え方（アメリカの財政学者**カルドア**（1908 - 1986）による）もありました。

消費課税のカテゴリーには，いわゆる消費税（一般消費税），酒税やたばこ税，揮発油税のような個別間接税が含まれます。

図表 32 － 1　課税ベースの推移

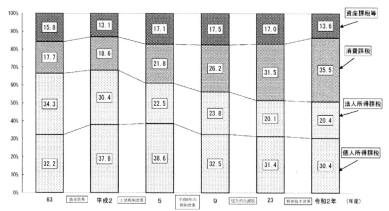

（注）1. 平成 23 年度までは決算額，令和元年度については，国税は予算額，地方税は見込額による。
　　　2. 所得課税には資産性所得に対する課税を含む。

出所：財務省ホームページから。

図表 32 － 2　課税ベースの国際比較

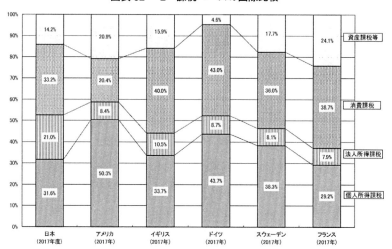

（注）1. 日本は平成 29 年度（2017 年度）実績，諸外国は，OECD "Revenue Statistics 1965-
　　　 2018" 及び同 "National Accounts" による。なお，日本の令和 2 年度（2020 年度）予算
　　　 における税収構成比は，個人所得課税：30.4%，法人所得課税：20.4%，消費課税：35.5%，
　　　 資産課税等：13.7%となっている。
　　　2. 所得課税には資産性所得に対する課税を含む。
　　　3. 四捨五入の関係上，各項目の計数の和が合計値と一致しないことがある。

出所：財務省ホームページから。

　所得のうち消費されない部分が，土地や家屋などの資産として残されるとすれば，そこに租税負担能力を見出すこともできます。また資産の取得や保有に対する課税は，消費課税の補完的役割を果たすことになります。個人や家計部門での資産蓄積が増える今日，資産の格差是正に資するような**資産課税**が求められています。資産課税には相続税，贈与税，登録免許税などが含まれます。

　令和2年度の我が国予算では，国税・地方税を合わせて，約半分が所得課税で徴収され，35％が消費課税，15％が資産課税からの税収となっています。これをバブル期末期の平成2年（消費税の導入は平成元年）と比較すると，所得課税の割合が低下し，消費課税の割合が急増していることがわかります（図表31）。消費課税の比率という視点でかつてよく比較対象になった欧州諸国ですが，この30年で日本の状況は欧米諸国にこころもち近づいてきているようにも見えます（図表32 – 1，32 – 2）。

直接税・間接税

　「法律上の納税義務者と実際の税負担者が一致する（**法的帰着**と**経済的帰着**が一致する）」と立法者が予定しているものを直接税とよび，所得税や法人税，相続税などがこのカテゴリーに含まれます。他方，法律上の納税義務者が自らの税負担を財の購入者がかぶるように転嫁するなどし，実際の税負担者が法律上の納税者と一致しない事態も起こりえます。消費税や酒税が典型ですが，財の最終購入者が税を負担することになる（法的帰着と経済的帰着が一致しない）

図表33　直間比率の国際比較

	日本	アメリカ	イギリス	ドイツ	フランス
直間比率	67：33	79：21	57：43	55：45	55：45

（注）1．日本は平成29年度（2017年度）実績額。なお，令和2年度（2002年度）予算における直間比率（国税＋地方税）は，67：33となっている。
　　　2．諸外国はOECD "Revenue Statistics 1965-2018"による2017年の計数，OECD"Revenue Statistics"の分類に従って作成しており，所得課税，給与労働力課税及び資産課税のうち流通課税を除いたものを直接税，それ以外の消費課税等を間接税等とし，両者の比較を直間比率として計算している。

出所：財務省ホームページ。

と立法者が予定しているとき，間接税とよびます。

　図表33から，各国の租税収入に占める直接税と間接税の割合（直間比率）を
みると，日本は7対3の割合で直接税に偏っているといえます。これは，戦後
税制の基本路線を規定したシャウプ勧告の影響もありますが，消費税率の上昇
などで近年，徐々に直接税への依存は低下する傾向にあります。

　直接税と間接税の区分は直感的にとらえやすい区分とはいえ，税負担の転嫁
いかんは，立法者の想定通りに決まる訳ではありません。

経済学の道具箱4　　転嫁と帰着

　財が生産され流通し，最終的に消費されるまでのどこかで課税がなされ
た時に，一体誰が租税を負担するのでしょうか。財が生産されてから消費
者に届くまでの過程を，川の水が川上から川下に向かって流れていく様子
にたとえ，川下に向かって租税負担が転嫁していくときに**前転**とよび，川
上に向かって転嫁していくときに**後転**とよびます。

すこし
寄り道 **⑤**　　**消費税の確実な転嫁**

　消費税は，消費者が税負担を負うように想定された典型的な間接税です。しかし消
費税の税率が創設時の5％から8％に引き上げられる際には，「増税による税負担を
小売価格に上乗せしにくいため，増税分を消費者が負担するのではなく，結局は大規
模小売業者に継続して商品を供給する，弱い立場にある業者などがかぶることになる
のではないか」と懸念されました。

　そこで，いわゆる買い叩き行為や報復行為などによって消費税の消費者への転嫁が
できなくなる事態を防止するために，「消費税の円滑かつ適正な転嫁の確保のための
消費税の転嫁を阻害する行為の是正などに関する特別措置法」が制定され（2013
年），その後2021年3月末まで期限が延長されています。

　同法では「消費税還元セール」のように，消費税に直接関連した形での宣伝も禁止されているため，消費税に関する部分に限っては，商品の価格決定権が制約されることになりました。

　租税の転嫁と税負担の帰着が売り手と買い手の経済的な関係で決まる点を，簡単な需要供給分析で確認してみましょう。

需要供給分析

　縦軸に財の価格，横軸に財の数量をとった図表34に，右下がりの需要曲線Dが描かれています。これは同じ財がより安い価格であればより大量に購入するという需要法則が成り立つ場合の需要曲線です。他方，生産者の行動は，右上がりの供給曲線Sで描かれています。これは同じ財がより高い価格であればより大量に供給するという供給法則が成り立つ場合の供給曲線です。

　競争市場の取引では，需要が供給よりも大きければ価格が上がり，供給が需要よりも多ければ価格が下がるような力が働きます。特段の指示があるわけでもないのに，次第に需給バランスする方向に価格が変動していく力が生まれる

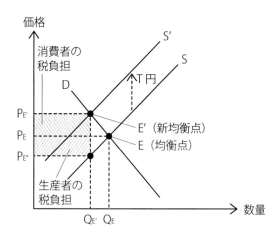

図表34　需要供給分析

のが競争市場の素晴らしいところです。

　最終的に需給をバランス（均衡）させる価格を消費者が支払い，そして生産者がそれを受け取るようになった時，市場は均衡という望ましい（効率的な資源配分が達成された）状態になったと判断されます。この時の価格を均衡価格とよびます。図中では均衡点 E 点に対応する価格（均衡価格）は P_E として示され，E 点に対応する需給量（均衡数量）は Q_E で示されます。

　ここまでの説明は，議論のスタートに過ぎません。次の段階で，ビールにかかる酒税のように，財の数量に対応して課される税（**従量税**）が課されると何が起こるのか検討しましょう。税が何も課されなかったお酒に税が課されるとなれば，その課税分はまるまる消費者の負担増になると考えるかもしれません。

すこし寄り道 **⑥**　**日本の酒税**

　近代日本の酒税の歴史は古く，明治 4 年に清酒，濁酒，醬油醸造鑑札収与並収税法規則が制定され，その後，酒類／酒造の規則が制定されるなど，所得税などよりはるかにはやい時期に関係法令の整備が始まりました。明治中期には税収の 3 分の 1 を超えるほどの税収をあげていましたが，その後の税収は低下。平成以後の急激な落ち込みもあって，近年では税収総額の 2 %ほどを占めるにすぎません。その中ではビールからの収入が約 4 割を占めています。発泡酒／第三のビールなどと，ビール類の中だけでも税率の差が大きく，酒類による税率のばらつきが目立っていました。これは 2019 年 10 月から数年をかけての是正途上にあります（図表 35）。

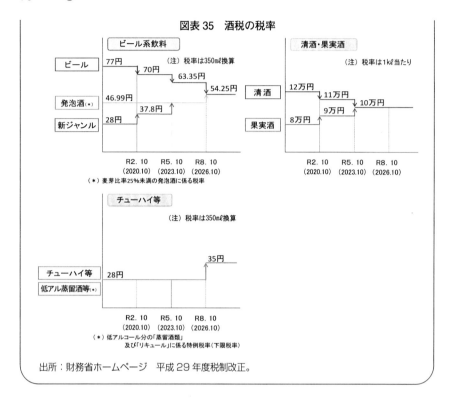

図表 35　酒税の税率

（出所：財務省ホームページ　平成 29 年度税制改正。）

酒税の転嫁

　ひき続き図表 34 を用いて，財一単位あたり T 円の従量税が課されると何が起こるか，誰がその税を負担するのかを検討します。

　従量税では，どの 1 単位の生産に際しても T 円ずつ費用が上昇しますので，供給曲線は T 円分だけ上方に平行移動し，課税後の供給曲線は S' となります。すると課税後の均衡点は E'，これに対応する課税後の均衡価格は $P_{E'}$，課税後の均衡数量は $Q_{E'}$ にかわります。消費者は以前の均衡価格 P_E よりも割高な価格 $P_{E'}$ を支払い，その $P_{E'}$ から税額 T の分だけ差し引いた額 $P_{E''}$ が，生産者の受け取る額です。

　課税によって消費者は課税前よりも $P_{E'} - P_E$ だけ高い価格を支払い，需要量は減りますので，消費者は $(P_{E'} - P_E) \times Q_{E'}$ だけ税を負担することになり

ます。他方，生産者は課税前よりも $P_E - P_{E'}$ だけ低い価格を受け取ることになり，供給量も少なくなりますので，$(P_E - P_{E'}) \times Q_{E'}$ だけ税を負担することになります。

　ここから従量税は消費者だけが負担するわけではなく，消費者と生産者の双方に負担がかかることがわかります。

　さて最後の段階ですが，その税の負担の大きさが，消費者と生産者の間で変わってくる，具体的には消費者と生産者の価格に対する反応の程度に左右される点を検討してみましょう。ある財の需要量が価格に反応する程度を**需要の価格弾力性**とよび，（需要量の変化率／価格の変化率）と定義されます。供給量が価格に反応する程度を**供給の価格弾力性**とよび（供給量の変化率／価格の変化率）と定義されます。

　図表36では，需要の価格弾力性が極端に低いaケース（需要曲線が垂直に近い D_L）と高いbケース（需要曲線が水平に近い D_H）の典型的な需要曲線が描かれています。

　図中の右下斜線部分が消費者の税負担部分，左下斜線部分が生産者の税負担

図表36　弾力性が極端な場合

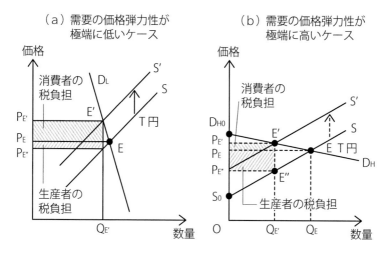

（a）需要の価格弾力性が
　　極端に低いケース

（b）需要の価格弾力性が
　　極端に高いケース

部分です。これらの図から，消費者がより多く税負担をするのは，必需品のように需要の価格弾力性が低い財に課税される場合（a）であるとわかります。

　消費者の税負担割合が少ないのはこの逆で，需要の価格弾力性が高い財に課税される場合（b）です。密接な代替財がある財は，需要の価格弾力性が高くなる傾向があります。先の酒税の例でみれば，通常のビールと発泡系ビールが密接な代替関係にある財かもしれません。

　また，いわゆるガソリン税の負担はどう配分されるでしょうか。ガソリン需要の価格弾力性は，短期的には低いとみられていましたが，ハイブリッド車の普及が加速され，いずれガソリン車の製造を中止すると予告するメーカーも出始めていますから，長期的には高い値となりそうです。

課税による消費者の選択変更と社会厚生の低下

　図表36（b）を用いるともう１点，課税によって消費者の選択が変化し，これが経済に歪みを与えている様子を概観することができます。

　まず税が課されていない状態から出発します。

　消費者にとって，一単位の財に対して支払っても良いと思う価格（限界評価）は，需要曲線 $D_H D_{H0}$ の垂直方向の長さで表されると考えてみましょう。例えば，財の数量を０から一単位だけ増やそうとするときに消費者が「支払っても良いと思っている額（限界評価）」は（およそ）OD_{H0} になります。この時，実際に支払う価格が「支払っても良いと思っている額（限界評価）」よりも低い価格，例えば均衡価格（限界費用）OP_E であれば，財の購入量を０から一単位増やすことで，実際に支払う額以上のメリットが消費者に生じます。すると合理的な判断をする消費者であれば，財の数量を０から一単位だけ増やすという選択を進めることになります。この選択によって消費者に生じたメリットの大きさ（限界評価と価格の差額）を**消費者余剰**とよびます。

　それでは消費者は財の購入をどこまで増やすでしょうか。$D_H D_{H0}$ が右下がりに描かれている（限界評価が逓減する）場合には，需要する数量を追加していくにつれ，当該追加分に対して「支払っても良いと思う額（限界評価）」は徐々に

減っていきます。それでも，支払うべき価格（限界費用）よりも「支払っても良いと思っている額（限界評価）」が高い限り，1つ2つと追加的に購入し続けることで消費者余剰は全体として増加していきます。追加購入するという選択が消費者にとって合理的になります。最終的に消費者が「支払っても良いと思っている額（限界評価）」と価格（限界費用）が一致する数量まで購入したときに，消費者余剰の総面積は最も大きくなります。

　すでに述べたように，競争市場においては均衡価格 P_E（均衡数量 Q_E）で取引が行われるように向かう力が働きます。競争市場においてそのような均衡取引（均衡価格 P_E で均衡数量 Q_E まで購入）に到達したときに，消費者余剰の総面積（三角形 $\triangle P_E E D_{L0}$）は最大になります。

　他方，生産者にとっては，財の追加的な生産にかかる限界費用と，追加的に財が購入されることで生ずる限界収入（価格）を比較し，限界収入の方が大きければその生産を増加させることが合理的な選択となります。限界費用が図表36 −（b）の $S_0 S$ 線で示されているとしましょう。最初の一単位の生産によって得られる限界収入が例えば均衡価格 P_E であれば，それは最初の一単位の生産の限界費用 OS_0 以上であるから，生産者はそのような生産を行います。この選択によって生産者に生じたメリットの大きさ（限界費用と価格の差額）を**生産者余剰**とよびます。

　それでは生産者は，財の生産をどこまで増やすでしょうか。$S_0 S$ 線が右上がりに描かれている場合には，生産を追加的に増加していくにつれ，当該追加生産に必要な限界費用が徐々に高くなって（限界費用が逓増して）いきます。それでも，得られる価格（限界収入）よりも当該追加分にかかる限界費用が低い限り，1つ2つと追加的に供給し続けることで生産者余剰が増加していきます。そのような選択が生産者にとって合理的になります。最終的に限界費用と限界収入額（価格）が一致する数量まで購入したときに，生産者余剰の総面積は最も大きくなります。

　すでに述べたように，競争市場においては均衡価格 P_E（均衡数量 Q_E）で取引が行われるように向かう力が働きます。競争市場においてそのような均衡取引

（均衡価格 P_E で均衡数量 Q_E まで購入）に到達したときに，生産者余剰の総面積（三角形 $\Delta P_E ES_0$）は最大になります。

　さてここで，消費者余剰と生産余剰を合わせたものを**社会的余剰**とよびます。競争市場における社会的余剰の大きさは，均衡価格（均衡数量）で取引されたときに最大となり，図形的には三角形 $\Delta D_{H0} ES_0$ となります。

　ここまでの説明は，競争市場においては均衡価格（均衡数量）で取引が行われるように向かう力が働き，その均衡価格（均衡数量）で取引が行われるときに社会的余剰が最大になり，その意味で望ましい（効率的な）資源配分が達成される，ということをあらわしたことになります。ここまでが第一段階です。

　次に，課税によって社会全体の余剰はどう変化するのか確認してみましょう。

　先ほどの説明のとおり，消費者と生産者によって支払われる税額の合計は，図中斜線が引かれた $P_E\text{-}E''E'P_{E'}$ となります。この部分は消費者なり生産者なりの負担となりますが，社会全体としてみれば政府の収入になり公共サービスの財源となるものですから，負担ではないと考えられます。そこで課税後の社会的余剰にはこの部分も付け加えて，消費者余剰＋生産者余剰＋税支払額とすれば，図形的には台形 $S_0 E'' E' D_{H0'}$ の面積だとすることができます。

　課税前の社会的余剰の大きさは三角形 $\Delta D_{H0} ES_0$ でしたが，これと比較して課税後の社会的余剰（プラス税額）の面積は三角形 $E''E'E$ の分だけ減少してしまったことがわかります。この部分は課税によって人々の選択の歪みが生じ，その結果として生じた社会厚生の損失部分であり，**死荷重**，**超過負担**などとよばれています。

　経済学的な視点からは，このような厚生損失ができるだけ少ないように課税すること（経済に**中立的な課税**）が望まれます。需要の価格弾力性の高い財に課税した図表34（b）と，需要の価格弾力性の低い財に課税した図表34（a）における超過負担の大きさとの比較からは，（a）の場合の方，つまり需要の価格弾力性が低い財に課税した方が超過負担を少なくできることが示唆されます（**ラムゼー・ルール**）。

　ただし問題はここで終わりません。経済中立的な課税を行うことは経済効率

上望ましい選択ですが，そのような選択により生ずる**トレード・オフ**にも留意
すべきでしょう。

　前項で説明したように，需要の価格弾力性が低い財に課税する場合は，税負
担が消費者に偏る傾向があります。そして需要の価格弾力性が低い財の例に
は，米のような生活必需的な食料品があります。その種の必需品の消費割合が
高いのは低所得層です。これらのことを考えると，経済中立的な課税を行うと
低所得層の税負担を増やすという所得分配上の懸念が生ずる可能性があるので
す。これが**効率と公平のトレード・オフ**とよばれるものの一例です。

　これとは逆に，需要の価格弾力性が高い，例えば奢侈品に課税すれば所得再
分配という視点では望ましくなりますが，経済効率という点では望ましくない
ということになります。

やってみよう③

供給の価格弾力性が高い財への課税

　供給の価格弾力性が高い場合は，供給曲線が垂直に近くなります。供給の価格弾力
性が低い場合には，供給曲線が水平に近くなります。供給の価格弾力性の違いが税負
担割合の違いにどう結びつくか，ぜひみなさんで作図してみてください。

多様な分類視点

　上項では酒税を例に出しましたが，間接税の多くは，一定の重量や個数，体
積などに応じた金額で税率が示される**従量税**です。これに対して消費税のよう
に，金額・価格に対する百分率で税率が示されるものが**従価税**です。従量税は
課税標準（課税する対象を具体的に金額や数量で示し，税額算定の基礎にする）が明
確である利点がある一方，従価税は価格の高低に応じた公平性を実現しやすい
利点があるとされています。

　所得のように人的側面に注目して，租税負担能力（担税力）をみる税を**人税**とよびます。人税は，経費があればこれを控除したり，扶養者がいる場合に一定額の控除を行ったりして，納税者の置かれたさまざまな状況を斟酌し，さらに税率を累進化するなどして，租税負担能力（担税力）に応じた取り扱いの区別を明確につけやすい税であるといえます。

　他方，消費や固定資産の保有のような物的条件に負担能力をみいだした税を**物税**とよびます。物税は保有者の属性とは関係なく課税されるものではありますが，究極的には個人が負担することになります。しかし，物税で個人の負担能力の差異を考慮し公平に課税するには，難しさがあります。なお納税者や家計ごとの年間消費額を合算して，これに累進税率をかける**総合消費税**をカルドアが構想しましたが，これは消費課税であるけれども人税のカテゴリーに入るでしょう。

　また，税の使途に注目して，経費一般を賄う**普通税**と，歳出先をあらかじめ特定する**目的税**とに分類することがあります。この区分は，地方税制を説明した第8章で再び説明されます。

４－４．租税に期待される機能

もっとも基本的な資金調達機能

　今日の公共部門は，（マスグレイブに従ってまとめれば）公共財が提供されるよう資源を配分したり，格差是正のために所得や資産を再分配したり，そして好況不況の波を緩和して経済の安定成長に資するように増減税や財政支出を調整したりと，さまざまな財政活動を行っています。租税に期待される機能（役割）で最も基本的なものは，公共部門が行うこれら財政活動の資金を賄うための**資金調達機能**です。

　近代国家の活動範囲が広まるにつれ，財政活動の必要な経費も膨らんでいきます。するとこれを賄うことができるような多収性（充分性），可動性（弾力性）を持った租税が求められるようになります。

租税には，さらに次のような副次的な機能が期待されています。

好ましくない特定消費活動の抑制

　喫煙や過度の飲酒のように，健康増進の視点からそれらの行動を抑制しようとするとき，いくつかの政策的手段が講じられます。

　第一に，教育や広報によって，その種の行動のもたらすものについて正しい情報を消費者に広め，人々が納得して行動を変えてもらう方法。次に，法令や条例でルールを作り，直接的な規制にのり出す方法。これは罰則を避けるほうにメリットがあると感じ，人々が行動を変えることを期待したものです。そして第三の方法が，望ましくない行動が割高になるように価格を適切に変化させ，経済的インセンティブに人々が反応して経済行動を変えるよう期待したものです。この三番目の具体的手段として，租税を活用することができます。

　たばこ税や酒税，そして CO_2 排出抑制をねらったいわゆる炭素税は，この種の機能を期待したものと考えられます。

すこし
寄り道 （**7**）　**たばこ増税と販売数量**

　たばこについてみると，受動喫煙など喫煙の害について外箱に記すなどの広報や教育，改正健康増進法の実施という直接的規制，そしてたばこ増税という具合にさまざまな方法で消費抑制策が講じられてきました。この25年ほどのたばこの販売数量は減少傾向にあります（図表37）。なお紙巻きたばこには，国たばこ税（たばこ特別税を含む），地方たばこ税（道府県および市町村）合わせて，一箱20本あたりで285円ほどの税が課されています（令和2年10月）。さらに消費税も加わり，1箱の価格を仮に540円としますと，税負担割合は価格の6割ほどにもなります。

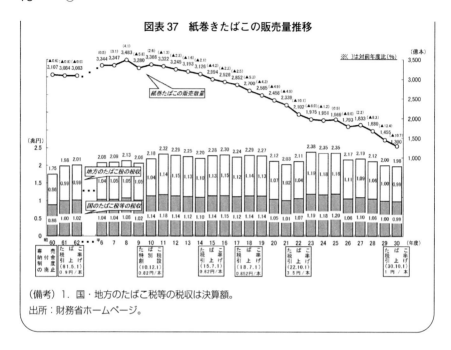

図表 37　紙巻きたばこの販売量推移

（備考）1. 国・地方のたばこ税等の税収は決算額。
出所：財務省ホームページ。

所得や富の再分配

　市場で分配された所得や資産は，必ずしも社会にとって望ましい配分とは限らず，今日の財政にはそうした所得や資産の再分配が期待されています。再分配は社会保障支出によっても，租税によっても実現可能です。所得税によって同じ世代の間での再分配を行い，相続税によって世代を超えた格差の是正を図っています。

　ただし図表 38 が示すように，年金など社会保障によるもの以外の，租税のみによる所得再分配への効果（ジニ係数の改善の程度）は，我が国においては限定的です。

経済の安定・成長

　第 2 章で説明したところですが，財政は 2 通りの仕方で経済の安定や成長に資するような機能が期待されています。

図表38　所得再分配によるジニ係数の変化

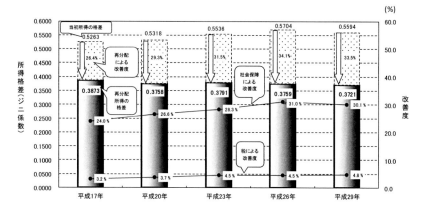

出所：厚生労働省『平成29年　所得再分配調査報告書』。

　1つは裁量的に予算を変更することで総需要を管理していくフィスカル・ポ
リシー（財政政策）でした。例えば，景気後退時に減税を行えば可処分所得が
増加し，可処分所得に依存する家計消費が増大し，家計消費を含む総需要が拡
大されるという道筋となります。

　そしてもう1つは，あらかじめ組み込まれていた社会保障などの制度が景気
変動に即座に反応することで総需要の変動を和らげる，というビルトイン・ス
タビライザー（景気の自動安定化装置）でした。

　所得税の税率が，垂直的公平の観点から累進構造になっていると，景気後退
により当初所得が減っても，その所得に対応する税率が下がり，いわば減税と
同じく，可処分所得の減少が緩和され，減税と同様の効果が生まれます。景気
の低迷で所得税収が大きく落ち込むことは，他方で，可処分所得の減少程度が
緩和されることによって家計消費の落ち込みを一定程度防ぐことになっている
というわけです。これらで重要な働きをするのが「乗数」という概念でした。

　有効需要の不足があって遊休設備がある場合には，これら機能が効果的に働
きます。他方，経済の国際化がすすむ中で，近年はその効果が弱まっているの
ではないか，あるいは既存の産業構造を温存し**構造改革**を遅らせるというマイ

ナス面があるのではないかという否定的な見解もあります。

国際収支改善や国内産業保護

　入門経済学は，各国が比較優位のある製品の生産に特化し，それを自由に交換し合うことで経済的な豊かさを増進できると主張しています。現実の世界経済も，それら製品の輸出入に高い関税をかけたり，非関税障壁を作ることのないような方向に動こうと，自由貿易協定FTAや経済連携協定EPA，環太平洋パートナーシップ協定CPTPPなどのような多国間協定の仕組みが作られてきました。

　しかしこのような枠組に消極的になり，各国の産業構造や政治的事情が優先される場合もあります。

　例えば，伝統産業や今後育成を進めようとする国内産業（幼稚産業）を保護しようとするとき，あるいは国の安全保障上の目的で，食料や国の産業を支えるうえで重要な製品の生産を自国で行えるようにするねらいで特定の財の輸入に高額の関税をかけ，その財の売上低下を意図することがあります。

　関連産業の従事者が多い**自動車産業**は，さまざまに保護され，高い関税が課せられている典型的な例です（図表39，40）。

図表39　主要国の自動車関税率

	乗用車	トラック
日　　本	無税	無税
アメリカ	2.5%	25% 車両総重量5t以上20t未満のキャブシャシー……4%
中　　国	15%	15%

出所：日本自動車工業会ホームページ。

図表40　日本 EU-EPA および CPTPP による自動車関税率

		乗用車	トラック
日EU-EPA (2019年2月発効)		(10%) 8年目撤廃	(ガソリン2800cc以上/ ディーゼル2500cc以上 ……………………22% ガソリン2800cc未満/ ディーゼル2500cc未満) ……………………10% 8年目撤廃
CPTPP (2018年 12月発効)	カナダ	(6.1%) 5年目撤廃	(6.1%) 大型ガソリントラックは 6年目,それ以外は11年目 撤廃
	ベトナム	(77%) 3000cc超……10年目撤廃 3000cc以下…13年目撤廃	(20〜70%) 12, 13年目撤廃

(注)（　）内の表示はEPA / FTA非適用関税率。
出所：日本自動車工業会ホームページ。

4−5．租税原則

　上項で述べられたような租税の機能が適切に発揮されるようにするにはどのような点が重視されるべきか，これを論ずるのが租税原則論です。政府に期待する役割は時代とともに変化し，それに伴って，主張される租税原則も少しずつ変化してきました。

アダム・スミスの租税原則

　人々の利己的な行動が「見えざる手に導かれるかのように」調和のとれた望ましい状態をもたらすとし，国民経済の利害を中心にすえた自由放任的資本主義の社会を重視する『国富論』を古典派経済学者アダム・スミス（1723 − 1790）が著したのは1776年。イギリスでは産業革命が始まり，アメリカで独立戦争が起き，フランス革命は目前。経済も社会も大きな変革を迎えようとし

ていた時でした。

　大部な国富論の第5編第2章で，アダムスミスは，古典派的原則ともよばれる，極めてシンプルな課税の4原則を展開しています。すなわち

　①公平原則

　　すべての国の国民は，政府を支えるために，各人の能力にできるだけ比例して，つまり各人が国の保護のもとで得ている収入にできる限り比例して税金を負担するべきである。

　②確実（明確）原則

　　各人が支払う義務を負う税金は，恣意的であってはならず，確定したものにするべきである。支払いの時期，支払い方法，支払い額のすべてが納税者に，そしてすべての国民に明確でわかりやすくなっていなければならない。

　③便宜の原則

　　どの種類の税金も，支払いの時期と方法がともに，納税者にとって便利である可能性が高いものにするべきである。

　④最小徴税費の原則

　　どの種類の税金も，国民から支払われるか国民の受け取りを減らして徴収する金額と，国庫に入る金額との差ができる限り小さくなるように設計するべきである。

　　（訳文は，アダム・スミス『国富論』山岡洋一訳，日本経済新聞出版社，2007年による）

という具合です。

　今から250年近く前，資本主義勃興期に提起されたスミスの租税原則論ですが，彼の主張した公平原則と今日の累進税のような社会政策的税制との関係，あるいは最小徴税費について述べる際に，単に徴税業務の効率性のみに注目しているのではなく，納税者行動や国民経済への影響，すなわち課税や脱税のペナルティによって，本来雇用されていたはずのものが雇用されなくなり社会の

利益が失われてしまう危険性にまで言及されている点など，後の時代の租税原則論にかかわるさまざまな論点が見え隠れしているということもできます。

すこし
寄り道 ⑧　**徴税コスト**

　税収を100円あげるのに，実際どれだけの徴税費用がかかっているのでしょうか。

　財政金融統計月報（令和元年6月）によると，（租税および印紙収入）÷（執行に必要な人件費や旅費，物件費など）として計算される徴税コストは，国税では近年低下しつつも 1.2 − 1.3 円程度で推移しています。他方，道府県税で2円強，市町村税で2円弱と，地方税で若干高めとなっており，財政審議会では地方団体の業務の電子化や標準化による税務行政の効率化を求めています。

図表41　国税と地方税の徴税コスト

	国	地方
徴税費	6,854億円	8,012億円
うち人件費除き（システム運営費等）※地単事業相当	1,387億円	3,244億円
		2．3倍
税収	51.9兆円	39.9兆円
徴税コスト（税収100円当たり）	1.24円	2.16円
		1．7倍

出所：財政審議会資料。

　また，国税庁ホームページによると，昭和の時代から低下傾向にあった徴税コストは，バブルの時代を底に平成15年ごろまで再び増加傾向にあったようです。徴税コストの値は，職員数が同じでも税収が増えれば上昇します。税収に占める所得税や

法人税の割合が大きい税制のもとでは，税収は景気変動の影響を受けやすく，徴税コストの計算値もそれに応じて変動してしまう点にも注意が必要です。

　税務行政に徴税費用がかかる反面で，納税者側にも納税に伴うさまざまな費用（**納税協力費，コンプライアンス・コスト**）が生じます。所得税の申告納税や消費税にかんして，金銭的コストだけでなく時間的コスト，心理的コストをも合わせて，平成22年における税収100円あたりの納税協力コストを推計した横山氏のデータによると，申告所得税で38.1円，源泉所得税で2.6円，消費税で9.1円となっています（横山直子『徴税と納税制度の経済分析』中央経済社，2016年，p.197）。

　なお，②③④は，徴税技術的・税務行政的な原則とまとめられるかもしれません。これはそれ以降の租税原則にも引き継がれる，時代性を超えた租税原則といえるでしょう。

アードルフ・ワーグナーの租税原則

　産業革命期のアダム・スミスが，国民経済の利害を中心にすえ，したがって政府の役割を限定的にとらえる，いわゆる小さな政府的視野を持っていたとすれば，その後半世紀以上を経て，資本主義がいよいよ深化した時代のドイツに生き，分配の不平等是正にまで政府が踏み込むべきことを主張したドイツのアードルフ・ワーグナー（1835 - 1917）は，国民連帯的・福祉国家的な，いわゆる大きな政府的視野を持っていました。

　ワーグナーが主著『財政学（1883 - 1912)』において4つの系列にまとめた租税原則のうち，最優先的と位置付けたのは，**課税の充分性と可動性の原則**でした。これは，国家の役割拡大がもたらす**経費膨張（ワーグナーの経費膨張の法則）**を賄うに充分な財源確保の必要性を主張したものです。このように，必要な経費がさきにあって，その上でそれを賄うよう歳入を算段するという考え方を**量出制入**（出るを量って入るを制す）の原則とよぶことがあります。

　ワーグナーが次に重要だとしたのは，**正しい税源と正しい税種の選択**でした。これは，現存の経済体制の基本的な部分，生産や資本の構造を歪めないよ

うな税制を求めたものです。

　これら2つの原則を歪めない範囲で，という位置づけで主張されるのが，**課税の普遍性，課税の平等性**を求めた，いわゆる**公平の原則**です。

　ここでいう公平原則には，最低生活費相当の所得は課税されないとか，給付（支払い）能力に応じた累進税率構造を含む原則であると指摘されています。ワーグナーは，経済の基本構造が崩れないようにするために社会政策的配慮を厭わない国家（文化国家・福祉国家）が生まれるような社会（社会時代）にふさわしい公平原則を主張していました。

　ワーグナーは，これらのような歴史的・社会的背景を前提とした諸課税原則を掲げた後で，そうした歴史に関わりなく求められる原則すなわち，**課税の便宜性，課税の明確性，最小徴税費の追求**という税務行政的原則をあげています。

20世紀の租税原則

　20世紀前半は，経済安定に対する政府の役割が重視されるようになった時代です。このような時代の課税原則として，ひとまず**マスグレイブ**（1910 – 2007）の『財政学（1980年）』で提示された課税原則をあげておきましょう。

　　①租税負担の公平
　　②市場における経済的決定への干渉最小化
　　③政策的税制による公平侵害最小化
　　④経済の安定成長目的の財政政策適用容易化
　　⑤公正な税体系，恣意的税務行政排除，納税者にわかりやすい税制
　　⑥徴税費と納税協力費の最小化

　これらの諸原則は，①公平面，⑤⑥税務行政面のように，アダム・スミスの租税原則論と類似した視点や，②③のようにワーグナーの原則の市場経済への撹乱除去に類似した視点もある一方で，時代の要請を反映した④経済の安定成長目的の財政政策が容易に適用できるようにすべきだとの点が入れられている

点は注目に値するでしょう。

　ただマスグレイブ自身が指摘するように，租税原則論を多数あげればあげる
ほど，あちらを立てるとこちらが立たないという**トレード・オフ**に直面するこ
とになります。マスグレイブは，公平な税制を希求すると，反面で税務行政の
複雑さや市場決定への干渉をもたらすことになるという例や，資源の配分を目
的とする租税政策が公平性を乱すこともある，という例をあげています。諸原
則間に優先順位をつける視点が必要になってきます。

　比較的近年の租税原則の例として，日本の税制調査会答申（2000年）で提示
されたものでは，従来の租税原則を総括するかのような**公平・中立性・簡素**の
原則に，**国際的整合性**という項目が加えられています。

　これは経済のボーダーレス化が進展し，多国籍企業が活躍するという時代的
な変化のもと，公正な競争条件が整えられることを求めたものです。EU圏内
の税制調和は1つの在り方でしょう。近年は，国ごとに異なる税制のズレを多
国籍企業が利用し，課税逃れに走るケース（国際的な租税回避）が表面化し，各
国の**税源侵食**の改善も求められるようになっています。

　なお地方税に特化した課税原則は，第8章にまとめられています。

4－6．租税の根拠と課税の公平

　我が国の財政赤字が巨大化する中，財政や税について，多くの人に真剣に考
えてもらおうという意図でしょうか，財政状況についての広報活動がますます
さかんに行われるようになりました。財務省のホームページをご覧になると，
専門家が分析に使うような膨大な統計データはもちろん，児童生徒むけにドラ
マ仕立ての動画があったり，定期的に更新・発行される色彩豊かな入門的パン
フレット類がいくつも確認でき，その広報意欲には驚かされるばかりです。

　そうした資料の1つ『もっと知りたい税のこと（令和2年6月）』の冒頭は，
（「税」は社会の会費）というタイトルです。「税とは，互いに支え合ってより
良い社会を作って行くために費用を分かち合う，いわば会費なのだ」という説

明がなされています。

　では，どのように分かち合おうとするのでしょうか。

　これを考えるには，そもそもなぜ私たちは税を払わなければならないのかという課税の根拠を検討し，その根拠に基づけばどのような税負担が公平と考えられるのか，と議論を進めることにしましょう。

利益説

　政策的な税制を別にすれば，伝統的に利益説と義務説という2つの視点から**課税の根拠**が説明されてきました。

　利益説は，国家のなした公共サービスが全体として納税者に便益をもたらしているという点に注目して納税を求める考え方です。公共サービスの提供と対価の支払いを結びつけ，あたかも契約があるかのように考えるこの考え方からは，個々の納税者の租税負担配分の局面では，公共サービスから受ける各人の便益の大きさに応じて税負担するという**応益課税**が導かれます。この場合，税負担を独立的にとらえず，これと政府支出とをパッケージにしてとらえることになり，公共サービスの適切な費用配分を経済理論的に分析しやすいという特徴があります。

　利益説に基づく財の供給水準と税負担の最適な決定についての経済学モデルについては，すでに第2章の政府の資源配分の節で説明しました。

　このような発想は，国家の決定が個々人の意思を何らかの形で集計する形でなされるという国家観（**個人主義的国家観**）と結びついていると考えられます。

義務説

　他方，国家の決定を有権者の集計結果とはみずに，国家は1つの生き物（有機体）のように決定を行うことができると考える**有機体的国家観**に基づくと，納税を国民の義務であるとする義務説が登場します。

　租税の負担配分において**義務説**は，政府支出とは切り離して，個々の納税者の租税負担能力に応じて税負担するという**応能課税**が導かれます。

　現実の公共サービスの姿を見ると，個別の納税者に間接的な便益しかもたらさない公共サービスや，個別の公共サービス提供に特定の納税者が反対する場合もあります。しかしいずれの納税者も，法に従って強制的に徴税されています。

　応能課税は，個々人の税額が個々の政府支出から受けるサービスとひとまず切り離されて決定されているこのような現実や，とりわけ所得再分配的な租税との親和性が高い考え方です。しかし，**支払い能力**の指標を何におくか（所得，消費，資産はその有力候補です），その指標を具体的にどのように測定するか，など現実的な課題があります。

　また便益と負担の関係が外れたことで，費用と便益を比較する，経済学の初歩的／標準的なツールだけでは公共サービスの適切な水準を解明しにくいという側面もあります。

　ところで，税の公平な負担配分を応能課税で実現しようとする時，2つの公平基準から公平をはかることになります。

　1つは**水平的公平**。これは，一般的には「等しい状態にあるならば，扱いも等しくする」点に公平さを求める概念です。応能課税においては，租税負担能力（担税力）が同じであれば，税額（ないし税率）に差をつけず横並びにするということになります。

　所得に担税力を認める所得税においては，業種ごとに所得捕捉率（課税されるべき所得と，実際に税務当局が把握できた所得との乖離）の差があると考えられています。かつて給与所得者・自営業者・農林水産従事者の税務当局からみた所得捕捉割合が「**ク・ロ・ヨン**（＝9割・6割・4割）」などとよばれたこともありました。税負担において水平的公平を欠くことは税制全体の信頼低下にもつながりかねず，人員不足などの制約の中，税務当局側はいまなおこの問題の解決を模索し続けています。これは，所得税が水平的公平を確保するときの困難さを表すエピソードでしょう。

　もう1つは**垂直的公平**。これは，一般的には「状態が異なれば，扱いも異なるようにする」点に公平さを求める概念です。応能課税においては，租税負担能力（担税力）に上下があれば，税額（ないし税率）に適切な差をつけることで

公平が達成されるということになります。

　所得が増えるに従って税（ないし税率）も上昇する累進所得税は，垂直的公平が達成されやすい税の典型だと考えられています。

経済学の道具箱5　　高所得者に対するより高額な税

　合理的な消費者は，財の購入を追加するごとに（その人なりの主観的な）満足を感じ，その満足の大きさと支払う金額とを比較します。消費者の満足度が価格を上回る限り財の購入を続け，満足度と価格とが一致したところで購入を終了する。そうすれば，彼の満足は最も大きくなる。入門経済学ではこのように発想します。

　人は財購入から満足を得ますが，税の支払いによって所得が減れば（その人なりの主観的な）犠牲が発生するとし，納税者の主観的な犠牲の大きさに注目して累進課税を検証する試みが，**犠牲説**の立場からなされています。

　図表41には，所得の増加と，その増加から得られる限界的な満足の変

図表41　租税支払いにより生ずる犠牲

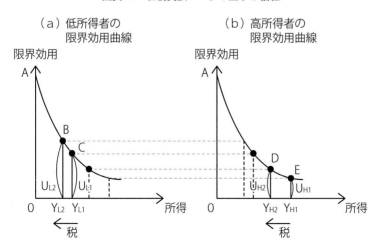

化を関係づける限界効用曲線が，低所得者と高所得者とで描かれています。なおこれらは，描かれた曲線が２人の間で同じもの，原点に向かって湾曲した形（所得の限界効用が逓減するという性質を反映），そもそも所得の限界効用が測定可能だとしているなど，経済理論上は厳しい条件のもとで描かれた図ということになります。

さて，低所得者の課税前所得を Y_{L1}，高所得者の課税前所得を Y_{H1} とし，その時の２者の限界効用はそれぞれ U_{L1}，U_{H1} とします。この時点では，低所得者は $OACY_{L1}$ の面積であらわされる効用（満足度）を，高所得者は $OAEY_{H1}$ であらわされるだけの効用（満足度）を持っていました。

課税による犠牲の大きさの可視化

これら２者の所得に税が課されることで，何が変わるでしょうか。低所得者の所得 Y_{L1} は Y_{L2} に，高所得者の所得 Y_{H1} は Y_{H2} に減少し，その時の限界効用が，それぞれ U_{L2}，U_{H2} ということになります。課税後の低所得者の満足度は $OABY_{L2}$，高所得者の満足度は $OADY_{H2}$ で表現されるようになります。そして課税前の満足度からの減少分を，課税により生じた犠牲の（絶対的な）大きさととらえるのです。すなわち，低所得者の課税による犠牲は $Y_{L2}BCY_{L1}$，高所得者の課税による犠牲は $Y_{H2}DEY_{H1}$ と表現されると考えます。

課税から生ずるこのような犠牲の大きさを，低所得者でも高所得者でも同じにすべきだとする公平の基準（**均等絶対犠牲**）がまずあります。この場合，限界効用の大きい低所得者からよりも，限界効用の小さな高所得者から多額の税を徴収することで，絶対犠牲の大きさは等しくなります。

犠牲の絶対的な大きさではなく，各人がもともと持っていた効用の大きさと課税によって生じた犠牲の大きさの比率を見て，これを等しくすることが公平の基準だ（**均等比例犠牲**）とすることもできます。

さらには，課税によって，所得からえられる限界効用の大きさを，人々の間で等しくするまで課税すること（**均等限界犠牲**）をもって公平だとする公平の基準があります。この立場によれば，極端な場合は，必要な税収を高所得者の

みから徴収すれば良いこともあり得ます。公平という概念の中では，かなり極端な租税にも見える均等限界犠牲の考え方です。しかしこれによれば，均衡絶対犠牲よりもはるかに強力に，高所得者から税を徴収する根拠になります。また一定額の租税賦課によって生ずる社会（この場合は低所得者と高所得者）全体の犠牲量が最も小さくなる点で，経済学のいわゆる効率性の視点もとり入れた概念であるといえます。

第5章

租税各論

　我が国の令和3年度一般会計歳入予算を見る（図表42）と，歳入全体の5割以上を占めるのが租税および印紙収入です。その中で税収が際立って多いのが，所得税，法人税，消費税。これら3税について，本章では説明します。税収という点では一桁少ない揮発油税（いわゆるガソリン税）や酒税なども，私たちの生活の場面でよく遭遇する税です。酒税については，消費税のところで若干説明を加えます。

図表42　一般会計歳入

（単位：億円）

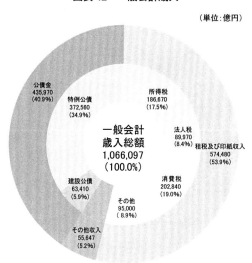

公債金
435,970
(40.9%)

特例公債
372,560
(34.9%)

所得税
186,670
(17.5%)

一般会計
歳入総額
1,066,097
(100.0%)

法人税
89,970
(8.4%)

租税及び印紙収入
574,480
(53.9%)

建設公債
63,410
(5.9%)

消費税
202,840
(19.0%)

その他
95,000
(8.9%)

その他収入
55,647
(5.2%)

出所：財務省ホームページ。

5-1. 所得税

　所得に担税力を見出し，国が課税主体となって徴収する税が所得税です。

　我が国では令和になって消費税にその座を譲りましたが，平成最後の予算まで，長い間ほぼ一貫して最大の税収源であり続けた所得税。これは税収の柱とも言える存在であり，基幹税と位置づけられています。

　世界史的にみた近代的所得税は 18 世紀末，ナポレオンとの戦争時代のイギリスで臨時税として創設されたところから始まります。我が国に所得税が創設されたのはアメリカ（違憲判決ののち憲法を修正して 1913 年に導入）やフランス（1914 年導入）よりも早く，明治 20 年（1887 年）に遡ります。当初は年間 300 円以上の所得がある高額所得者を対象に 1 〜 3％の 5 段階（全額）累進税率を課した税で，現代の所得税と比べると規模も仕組みもシンプルなものでしたし，法人も免税とされていました。

　日清戦争の終結後，新たな歳入確保の必要から，明治 32 年（1899 年）には所得税の大改正が行われ，法人の所得と利子などの所得も含めた，3 種からなる分類所得税となりました。

　大正にはいる頃になると，累進構造が強化されたり扶養控除をとり入れたりと社会政策的な措置が導入され，また納税義務者も増加して大衆課税化が進みました。大正 7 年には，所得税がいよいよ税収首位の座につくことになります。

　理念的には公平感に優れているとされ，歴史的にも各国で広く受け入れられてきた所得税ですが，実際の運用面や経済への影響の面での課題も指摘されています。

　また，図表 43 が示すように，消費税税収が税率改定時を除き比較的安定的な税収をもたらすのと対照的に，所得税と法人税からの税収は景気変動の影響を受け，大きく変動しやすいという点にも注意が必要です。継続的・安定的に公共サービスを提供する視点からは，税収の安定性は大いに求められるべき点

図表43　一般会計税収の推移

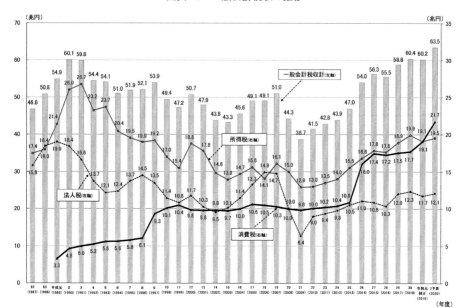

（注）平成30年度以前は決算額，令和元年度は補正後予算額，令和2年度は予算額である。
出所：財務省『日本の財政関係資料』。

となります。あとの章で述べますが，地方税の制度はこの点をある程度考慮した制度になっています。

所得の概念

　担税力の指標として，所得をどのようにとらえるのが適切なのか。この点では所得をできるだけ広義にとらえる**包括的所得**の概念をあげるのが一般的です。

　包括的所得とは，所得 Y を「一定期間内に消費されたものに資産の変化額を加えたもの（Y = C+ ΔW）」と定義づけたアメリカの**サイモンズ**（1899 – 1946）にそって，労働からの所得だろうが資本からの所得だろうが，所得の源泉を問わずに，消費・資産の変化に結びつくほとんどすべての収入を含むという概念ととらえます。

　後の項で説明するように，我が国の税制もこの考え方にそって設計されています。すなわち，ひとまずさまざまな所得を個人ごとに合算し，その上で諸経費を控除したり人的事情を考慮して，その額に税率をかける仕組みになっています。これを**総合所得税**とよびます。もっとも，基本的には総合課税の仕組みだとはいえ，利子所得が源泉から分離して課税されるなど，若干基本とは異なる取扱もあります。

　我が国のように所得税を包括的所得の概念にそって設計すると，人的事情を考慮したり，税率を累進的にすることで垂直的公平を達成しやすいと考えられています。

　反面，所得の正確な捕捉が困難であるために水平的公平が確保しづらい点，労働所得に重課（勤労世代に重課）することになるので，勤労世代と退職世代との世代間で負担が不公平になる点，さらには相対的に余暇が割安になる（所得税は，所得をもたらさない余暇活動には，当然課税されません）点から勤労や事業への意欲を阻害しがちである点を短所としてあげることもあります。

　所得を包括的にとらえて合算する方式に対し，労働とそれ以外など所得源泉ごとに税の扱いを変えたほうが公平であると考えたり，経済政策的にもその方が有効であるとの考えに立って設計された所得税は，**分類所得税**とよびます。

税法上の所得

　我が国の所得税法で所得とされるものは，以下の10のカテゴリーにあてはまるものです（各カテゴリーの説明はかなり単純化されています）。これらのカテゴリーごとに，収入や必要経費の範囲，所得の計算方法が細かく規定されています。

　①利子所得

　　公社債や預貯金の利子など

　②配当所得

　　株主や出資者が法人から受ける剰余金や利益の配当など

（具体例）いわゆる株式からの配当金など

③不動産所得

　土地や建物などの不動産の貸し付けからの所得など

④事業所得

　製造／卸・小売／農漁業／サービスなど事業からの所得

（具体例）プロ野球選手やプロゴルファーの報酬，保険営業員の報酬，山
　　　　　林所得のうち所有期間の短いもの，などもこのカテゴリー

⑤給与所得

　給料（雇用契約に基づく給付，役員報酬など）／賞与（ボーナス）など

⑥退職所得

　退職手当（在職中の勤務に対する報酬として，退職に際して一時的に支払われ
　る），一時恩給など

⑦山林所得

　山林の伐採／譲渡のように，長期にわたる山林経営から生じた所得

⑧譲渡所得

　土地建物などの資産のうち，本来販売を目的としない資産の所有権が移転
　されることから生ずる所得

⑨一時所得

　上記8つのカテゴリー以外の所得のうち，継続的でなく一時的な所得であ
　り，しかも営利目的の継続性や労務の対価といった性質がない所得など

（具体例）懸賞やクイズの賞品／賞金，営利目的で継続性がない場合の競
　　　　　輪・競馬の払戻金，借り家の立ち退き料

⑩雑所得

　上記9種の所得に属しない所得

（具体例）国民年金／厚生年金などの公的年金，作家でない人の原稿料や
　　　　　講演料

すこし寄り道 ⑨　ノーベル賞やオリンピックの賞金

　我が国では，公益的な目的や社会政策的配慮などから，特定の所得については非課税措置がとられています。

　たとえば毎年秋に発表されるノーベル賞。2019 年には，リチウムイオン電池の開発で吉野彰氏が化学賞を受賞しました。ノーベル財団のホームページによると，2020 年のノーベル賞には，賞ごとに 1,000 万クローナ（日本円にして 1 億 2,000 万円ほど）の賞金が用意されています。また 2021 年夏には東京オリンピック開催が予定されていますが，メダリストになった日本の選手には，日本オリンピック委員会から報奨金が出ることになっています。パラリンピックのメダリストには，日本障がい者スポーツ協会から賞金が支給されることになっています。

　これら賞金は，本来的には一時所得のカテゴリーにあてはまり課税対象となります。しかし所得税法第 9 条の規定で，ノーベル基金からノーベル賞として交付される金品は非課税とされ，文化功労者への年金なども同じ扱いとなっています。オリンピック・パラリンピックの報奨金のうち一定のものについても非課税とされています。

　さらに宝くじやスポーツ振興くじ（toto）の当せん金は，地方財政資金に充てたり，スポーツ振興に必要な資金を得るなどのねらいから，法律（それぞれ「当せん金付証票法」，「スポーツ振興投票の実施などに関する法律」）によって非課税扱いとなっています。

　ところで同じノーベル賞でも経済学賞（日本人の受賞者はまだいません）については，ノーベル基金ではなくスウェーデン国立銀行から受け取る金品であるために，現在のところは課税対象となっています。

税額算定過程

　ここでは，給与所得者（サラリーマン）が会社から給与を得た場合を例に，税額決定までの流れを確認してみましょう（図表 44）。

図表44　給与所得の税額算定過程

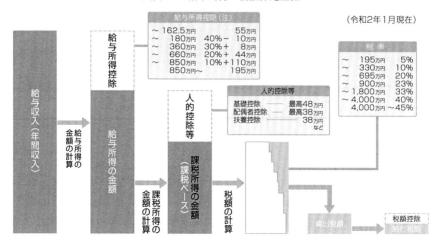

出所：『もっと知りたい税のこと（令和2年6月）』。

①課税所得の算出

　所得税の税額は，単純に所得に税率をかけると思われがちですが，税率がかけられる所得は，正確には課税所得とよばれる所得です。

　一方，給与所得者（サラリーマン）が勤め先の会社から受けとった給与や賞与の総額は**給与収入**です。ちなみに給与が振り込まれた通帳で私たちが目にするのは，いわゆる手取り額。給与収入から税や社会保険料などが引かれたあとの額です。

　さて，この給与収入から給与所得を得るための必要経費に相当する額として**給与所得控除**が差し引かれ，**給与所得**金額が算出されます。給与所得控除の割合は収入が高まるほど少なくなり，850万円以上の収入に対しては定額となります。

　給与所得から所得控除などを差し引いて，いよいよ税率がかけられる所得である**課税所得**が算出されます。

　課税所得算出にあたってなされる**所得控除（人的控除）**には，**課税最低限**の生活費を保障するため（基礎控除，配偶者控除，扶養者控除）や個人的な事情を

考慮するため（障害者控除，寡婦控除，勤労学生控除など），担税力への影響を考慮するため（医療費控除，雑損控除）など 14 種類があり，総額で 70 兆円ほどと見積もられています。

すこし寄り道 ⑩　課税最低限

　財務省で試算した課税最低限のデータ（図表 45）によると，単身者 121 万円，夫婦のみ / 夫婦と子供 1 人 169 万円，夫婦と子供 2 人 285 万円となっていて，他の先進国よりは低い額といえます。

図表 45　所得税の課税最低限及び税額と一般的な給付額が等しくなる給与収入の国際比較（給与取得者）

区分		日本	アメリカ	イギリス	ドイツ	フランス
単身者	所得税額と一般的な給付額が等しくなる給与収入	千円	ドル	ポンド	ユーロ	ユーロ
		1,211	10,350	12,331	11,821	21,950
			(1,273 千円)	(2,306 千円)	(1,560 千円)	(2,897 千円)
	[課税最低限]	[1,211]	[10,350]	[10,600]	[11,821]	[20,248]
			(1,273 千円)	(1,982 千円)	(1,560 千円)	(2,673 千円)
夫婦のみ	所得税額と一般的な給付額が等しくなる給与収入	1,688	20,700	15,974	22,405	37,844
			(2,546 千円)	(2,987 千円)	(2,957 千円)	(4,996 千円)
	[課税最低限]	[1,688]	[20,700]	[11,660]	[22,405]	[37,844]
			(2,546 千円)	(2,180 千円)	(2,957 千円)	(4,996 千円)
夫婦子1人	所得税額と一般的な給付額が等しくなる給与収入	5,346	34,750	23,189	35,075	44,393
			(4,274 千円)	(4,336 千円)	(4,630 千円)	(5,860 千円)
	[課税最低限]	[1,688]	[34,750]	[11,660]	[22,405]	[44,393]
			(4,274 千円)	(2,180 千円)	(2,957 千円)	(5,860 千円)

夫婦 子2人	所得税額と一般的な給付額が等しくなる給与収入	6,315	38,800	23,189	44,643	59,131
			(4,772 千円)	(4,336 千円)	(5,893 千円)	(7,805 千円)
	[課税最低限]	[2,854]	[38,800]	[11,660]	[22,405]	[50,925]
			(4,772 千円)	(2,180 千円)	(2,957 千円)	(6,722 千円)
(参考) 1人当たり国民所得		2,754 千円	42,197	19,899	26,012	23,230
			(5,190 千円)	(3,721 千円)	(3,434 千円)	(3,066 千円)

(備考)
1. 「所得税の課税最低限」とは，給与所得者の所得税の納税額が発生する最低の給与収入水準をいう。また，「税額と一般的な給付の給付額が等しくなる給与収入」とは，所得税の課税最低限に一般的な給付措置を加味した際に，税額が給付額と等しくなる（実質的に負担額が生じ始める）給与収入水準をいう。所得税額及び給付額の計算においては，統一的な国際比較を行う観点から，一定の家族構成や所得を前提として一般的に適用される控除や給付等を考慮している。
2. 比較のため，モデルケースとして夫婦子1人の場合にはその子を13歳として，夫婦子2人の場合には第1子が就学中の19歳，第2子が13歳として計算している。
3. 日本及びフランスは社会保険料控除が適用される（日本の社会保険料控除については，第12表の備考1を参照）。アメリカ及びイギリスでは社会保険料控除は認められない。また，ドイツについては社会保険料を含めた一定の支出に対する概算控除を適用している。
4. 1人当たり国民所得については，第2表を参照。
5. 平成28年1月現在に適用される税法等に基づいている。邦貨換算レートは，1ドル＝123円，1ポンド＝187円，1ユーロ＝132円（基準外国為替相場及び裁定外国為替相場：平成28年1月中適用）。

出所：財務省ホームページ。

②累進税率

　課税所得が算定されたら，これに税率がかけられます。

　垂直的公平を達成すべく，所得税は，課税所得額に応じていくつかの区切り（所得のブラケット）を設け，そのブラケットが上昇するたびに税率が上昇する仕組みになっています。

　最も高い所得ブラケットに対応する**最高税率**は昭和44年には75％で，ブラケットの刻みも16段階でした。その後，最高税率は段階的に引き下げられ，またブラケット刻みも少なくなりました。平成11年には最高税率は37％，ブラケットの刻みは4つにまで簡素化されました。その後は格差是正の観点などから最高税率は若干上昇し，今日（平成27年以降）では5％から45％までの税

図表 46

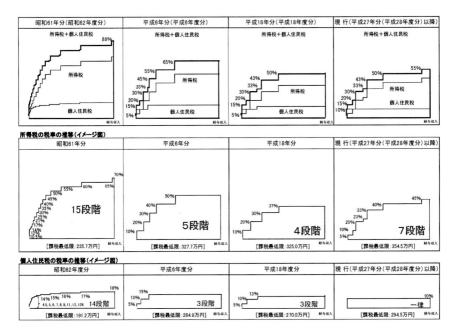

(注) 1. 昭和 62 年分の所得税の税率は，10.5，12，16，20，25，30，35，40，45，50，55，60%の 12 段階。(住民税 (63 年度) の最高税率は 16%，住民税と合わせた最高税率は 76%)
　　 2. 昭和 63 年分の所得税の税率は，10，20，30，40，50，60%の 6 段階。(住民税 (元年度) の最高税率は 15%，住民税と合わせた最高税率は 75%)

出所：財務省ホームページ。

率で，ブラケットの刻み数は 7 となっています (図表 46)。

　それでも昭和の時代ほどの強力な累進構造というわけではありません。

　最高税率が高いほど所得再分配効果が強く，ブラケットの刻みが多いほどきめ細やかな対応がなされて望ましいと思われがちですが，あまりにも高い税率が (生産的とはいえない) 租税回避行動を引き起こすことがあり，平等と効率の間のトレードオフの視点にも注意を払うべきでしょう。

　なお我が国の累進税率は**超過累進税率**の仕組みを採用しています。これは，課税所得全体に税率をかける**全額累進**と異なり，課税所得を所得ブラケットごとにわけ，そのブラケットに含まれる所得分だけに当該ブラケットの税率をか

けていくシステムです。

　たとえば，税率構造が以下のようであり，課税所得が 600 万円であったとします。

195 万円まで　　　　税率　5%

195 − 330 万円　　　　税率 10%

330 − 695 万円　　　　税率 20%

695 − 900 万円　　　　税率 23%　　などなど

　この場合まず，600 万円の所得を，所得の低いブラケットごとに順に 195 万円，135 万円，270 万円と振り分けます。まず一番低い所得のブラケットに対応する税率 5%は，最初の 195 万円だけにかけます。次に二番目に所得の低いブラケットに対応する税率 10%は，195 万円から超過した 135 万円分に対してだけかけるという具合です。最後に第 1 ブラケットの税額＋第 2 ブラケットの税額＋第 3 ブラケットと合算して税額が算出されます。

　つまり，

$$195 \times 0.05 + 135 \times 0.1 + 270 \times 0.2$$
$$= 77 万 2{,}500 円$$

となって，この場合の税額は 77 万 2,500 円になります。

　この仕組みは一見面倒に見えますが，何も手を打たないと，所得が増えたのに，所得が増加していない人よりも税引き後の手取り額が減ってしまうという事態が生じうるのです。

　たとえば，

　課税前の所得が増えた

　　→ 増えた所得に対応するブラケットに移って税額大幅アップ

　　→ 税引き後の所得が大幅に減少

　　→ 増加前の所得が少なかった人よりも手取り額が低下

　このような事態を回避するのが超過累進率のねらいです。

図表 47　所得金額階級別世帯数の相対度数分布

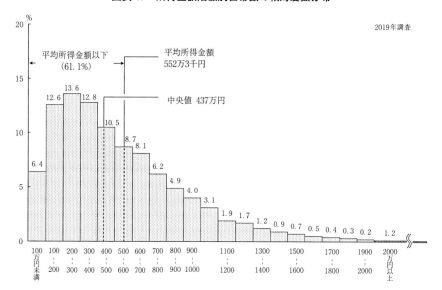

出所：厚生労働省『国民生活基礎調査 2019 年』。

③税額控除

　課税所得に税率をかけた所得税額から，税額控除分が差し引かれて，ようやく所得税の納付税額が決定されます。

　税額控除には，配当控除や外国税額控除（所得税本法で規定），住宅借り入れ，耐震やバリアフリーのための改修，エネルギー環境負荷を低減した場合などの控除が租税特別措置法で認められています。

所得税を払っているのは誰か

　厚生労働省は毎年，世帯の所得や健康状態について『国民生活基礎調査』を実施し公表しています。その中で，どれぐらいの所得を持つ世帯がどれぐらいあるのか，所得の分布状況をグラフ化しています（図表47）。

　最新の 2020 年はコロナ禍の影響で調査が実施されませんでしたので，2019年のデータが最新です。

図表 48　給与階級別の給与所得者数，給与総額及び税額

区　分		給 与 所 得 者 数				給 与 総 額				税 額	
				内 納税者				内 納税者			
			構成比		構成比		構成比		構成比		構成比
	（給与階級）	千人	％	千人	％	億円	％	億円	％	億円	％
8 0 0 万 円 以 下	100万円以下	4,568	8.7	770	1.7	36,823	1.6	5,928	0.3	140	0.1
	100万円超 200万円以下	7,432	14.1	5,564	12.5	107,350	4.7	84,175	3.9	1,090	1.0
	200万円超 300万円以下	7,838	14.9	7,379	16.5	197,686	8.6	186,403	8.7	3,201	3.0
	300万円超 400万円以下	8,907	17.0	8,500	19.1	312,410	13.6	297,981	13.9	5,736	5.3
	400万円超 500万円以下	7,652	14.6	7,107	15.9	342,448	14.9	317,858	14.9	6,947	6.4
	500万円超 600万円以下	5,328	10.1	4,826	10.8	291,804	12.7	264,366	12.4	7,133	6.6
	600万円超 700万円以下	3,397	6.5	3,119	7.0	219,834	9.6	202,007	9.5	6,352	5.9
	700万円超 800万円以下	2,315	4.4	2,232	5.0	172,869	7.6	166,804	7.8	7,009	6.5
	小　計	47,436	90.3	39,498	88.5	1,681,223	73.3	1,525,523	71.4	37,607	34.8
8 0 0 万 円 超	800万円超 900万円以下	1,542	2.9	1,533	3.4	130,575	5.7	129,829	6.1	6,798	6.3
	900万円超 1,000万円以下	1,012	2.0	1,010	2.3	95,810	4.2	95,680	4.5	5,937	5.5
	1,000万円超 1,500万円以下	1,850	3.5	1,850	4.2	218,498	9.5	218,495	10.2	20,560	19.1
	1,500万円超 2,000万円以下	436	0.8	436	1.0	75,475	3.3	75,475	3.5	12,225	11.4
	2,000万円超 2,500万円以下	124	0.2	124	0.3	27,575	1.2	27,575	1.3	5,598	5.2
	2,500万円超	151	0.3	151	0.3	64,103	2.8	64,103	3.0	19,012	17.7
	小　計	5,115	9.7	5,105	11.5	612,036	26.7	611,157	28.6	70,130	65.2
合　計		52,551	100.0	44,602	100.0	2,293,259	100.0	2,136,680	100.0	107,737	100.0

出所：国税庁『民間給与実態統計調査（令和元年9月）』。

　これを見ますと，200万〜300万円の所得を持つ世帯が最も多いなど，世帯分布が左側にかなり偏っている点が際立ちます。平均所得以下の所得しかない世帯が6割を超えており，他方1,000万円を超える所得を持つ世帯は全体の9％弱です。

　もう1つ，最新の国税庁『民間給与実態統計調査（令和元年分）』に，納税者の所得階層ごとの納税額を示したデータがあります（図表48）。

　それによると，納税者の 11.5% を占めるに過ぎない 800 万円を超える給与所得者が税収の 65% を納めており，さらには納税者の 0.3% しかいない 2,500 万円を超える給与所得者は，税収の 17.7% を納めています。

　他方，納税者の 47.2% を占める 400 万円以下の給与所得者。彼らからの税収は，すべて合わせて全体の 9.4% です。

　全体の上位 1 割の人が税収の 6 割以上を納め，全体の下位半分の人が納めるのは 1 割弱。このような納税額の偏りが，上のグラフであらわされるような所得分配の不平等を鑑みれば当然とみるか，「公共サービスの費用は社会全体で支え合う」という基本姿勢とそぐわないとみるか，議論のあるところです。

5－2．法人税

　法人に対する税は所得税よりも 12 年遅れて，明治 32 年（1899 年）の所得税法の大改正に際して，3 種の所得税のうちの第 1 種所得税として出発しました。この時は，6,000 社を対象に 2.5% の比例税率が課されていました。またこの時の分類では，公債社債の利子が第 2 種所得，個人所得が第 3 種所得とされています。

　ちなみにこの頃になって，税務行政機構が国の組織として確立されました。明治 29 年には全国（北海道を除く）に 504 の税務署が創設され，府県レベルでは 23 の税務管理局（のちの国税局）が国の組織として設置されています。

　その後，昭和 15 年（1940 年）には，所得税から独立し，単独法としての法人税が誕生しました。この時の税率は 18% でしたが，税率は徐々に引き上げられ，昭和 20 年（1945 年）には 33% になり，終戦そしてシャウプ勧告を迎えることになります。

　現在，法人所得に課税されている税には，国税としての法人税，地方法人税など，そして地方税として事業税，住民税などがあります。平成 24 年から 3 年間は，法人税の 1 割が復興特別法人税として加算されていました。

　税収の動きを示した先の図表 43 からわかるように，所得税同様，景気に対する反応が高く，税収が変動しやすい性質があります。

法人税の仕組み

　法人税の納税義務がある法人は，国内に本店または主たる事務所がある内国法人と，それ以外の外国法人です。約 280 万ある内国法人の 9 割近くを占める普通法人（株式会社や合資会社，合名会社，相互会社など，企業組合，医療法人），そして農協・漁協といった生活協同組合を含む 4 万ほどの協同組合などについては，所得のすべてが課税対象となります。一般財団法人，一般社団法人，学校法人，社会福祉法人，宗教法人などを含む 5 万ほどの公益法人などは，収益事業からの所得についてだけが課税対象となります。地方公共団体や公社公庫など公共法人は，法人税を課されません。

　ところで法人は人（自然人）であるから，法人が経済活動を営んだ成果としての法人所得自体に担税力があるとみなし，これに課税するのが法人税であるとする立場（**法人実在説**）があります。他方，法人は人（自然人）ではないとする立場（**法人擬制説**）をとる場合には，法人の（会計上の）利益が配当という形で株主に帰属する点に注目します。本来は，法人所得がこのように個人に帰属した段階で課税されるべきだから，法人段階で課す個人所得税を**先取り**したものだという位置づけになります。このように考える場合には，個人段階で受取配当に所得税を課すにあたって，法人段階での課税と二重課税にならないよう負担調整する必要があります。法人が受け取る配当についても，同様の負担調整が必要になります。我が国の現実の税制は，法人擬制説にそったそのような調整が制度化されていますが，世界的視野でみると法人実在説，法人擬制説の双方の考え方の混合状態だと考えられています。

法人税の課税所得

　法人税額は，基本的には以下のように算出されます。

　法人税法上の所得金額（課税所得）×法人税率－税額控除

　法人税法上の課税所得は，**益金－損金**として計算されます。ただし益金，損金とも企業会計との相違を調整するための加算や減算項目があるため，若干複

図表 49　法人税の税額算定

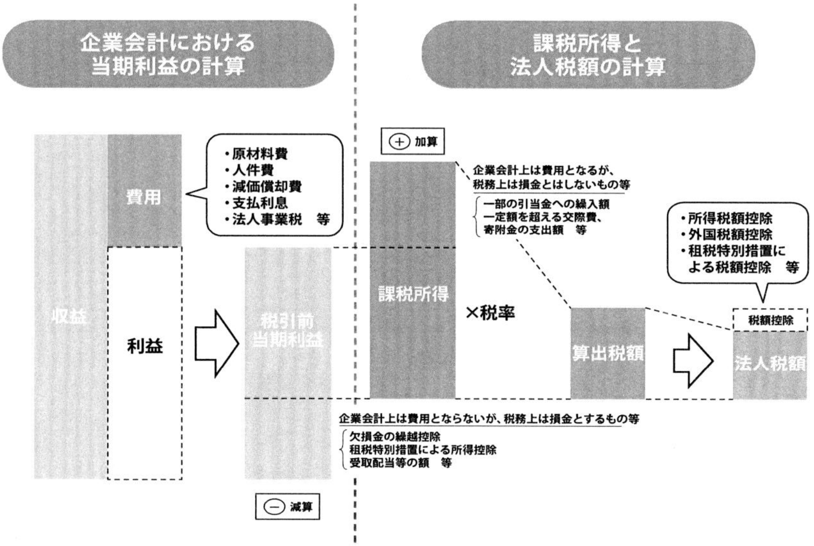

出所：財務省『もっと知りたい税のこと（令和2年）』。

図表 50　利益計上法人数・欠損法人数の推移

| 区　　分 | 法　　人　　数 | | | 欠損法人割合 (A)/(B) |
	利益計上法人	欠損法人 (A)	合　　計 (B)	
	社	社	社	％
平成20年度分	740,533	1,856,575	2,597,108	71.5
21	710,552	1,900,157	2,610,709	72.8
22	702,553	1,877,801	2,580,354	72.8
23	711,478	1,859,012	2,570,490	72.3
24	749,731	1,776,253	2,525,984	70.3
25	823,136	1,762,596	2,585,732	68.2
26	876,402	1,729,372	2,605,774	66.4
27	939,577	1,690,859	2,630,436	64.3
28	970,698	1,689,427	2,660,125	63.5
29	1,006,857	1,687,099	2,693,956	62.6
30	1,032,670	1,692,623	2,725,293	62.1
（構成比）	(37.9)	(62.1)	(100.0)	

出所：国税庁　会社標本調査（令和元年分）。

雑になっています（図表49）。

　益金は，企業会計上の企業の売上高や売却からの収益にあたります。企業会計上は損金（費用）として扱われる項目の中で，税務会計に際しては損金と認められず，加算される項目（損金不算入）もあります。例えば，一定以上の交際費，寄付金，法人税や法人地方税です。

　損金は，企業会計上の売上原価，販売費，一般管理費，災害による損失などの費用にあたる額です。企業会計上は損金として扱われない項目（収入に含まれる項目）の中に，税務会計に際しては逆に損金とされ，減算される項目（益金不算入）もあります。例えば受取配当，資産評価益，法人間受贈益などです。また，ある年度に生じた多額の欠損額を，当該年度だけでなく多年度にわたって繰り越せるようにし，年度間で欠損額を平準化させるための**欠損金額繰越控除**もその1つです。

　これら減算加算のため，例えば受取配当や欠損金額繰越控除の額が大きい場合には，収益が膨らむために企業業績上は好調に見える一方で，税務会計上は課税所得から外れる額が大きくなり，利益が計上されない欠損法人になることさえあります。近年，我が国の欠損法人数は減少傾向にありますが，それでも全体の6割に及んでいます（図表50）。

法人税率引き下げ競争

　課税所得が算出されると，そこに法人税率がかかります。税収は課税ベースの大きさと税率によって変わってきます。これらを決定するにあたっては，税収確保が法人税の大きな目的だとしても，ほかの税とのバランス，あるいは時々に必要とされている経済政策を勘案して決められることになります。

　近年（平成27年度改正から）は，「税の負担を広く分かち合う」「企業の収益力拡大に向けた投資や積極的な賃上げができるような体質への転換」との方針を「成長志向の法人税改革」と名付け，かつて40％を超えていた法人税率は順次引き下げられてきました。2020年段階の**法人実効税率**（地方法人税なども含めた，法人所得に対する課税の割合）はギリギリ30％を割り込む29.74％となり，先進諸国の法人実効税率にかなり近づいてきました（図表51）。

図表 51　各国の実効税率

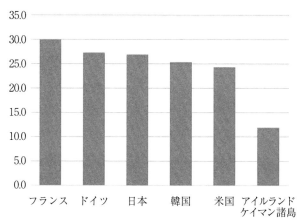

出所：OECD ホームページから筆者作成。

　こうした法人税率引下げの一方で，欠損金額繰越控除の見直し（控除限度の引下げなど）や租税特別措置の見直し，受取配当の益金不算入割合の引下げ，外形標準課税の拡大（詳細は第9章，法人事業税の項）などによって課税ベースが拡大されています。

国際課税

　本来，課税権は国の主権であるために，各国がそれぞれの政策的視点から制度設計することが基本です。

　前項で説明したように，法人企業を海外から積極的に受け入れることで経済を活性化させようとする国であれば，例えば企業活動に対する法人税を他国よりも極端に低くするなどして，海外の企業が税制上優遇される国に会社を設立しようというインセンティブに反応することを期待します。アイルランド（法人税率12.5％）のように，結果的にそれに成功してアップル社など国際的な巨大 IT 企業をよび込むことができた国もあります。ただしこのケースは，アイルランドの税制優遇措置を不当だとして追徴課税を求めた欧州委員会との間で，EU の裁判所で法廷闘争が進行中です。

図表 52　法人税率の国際比較

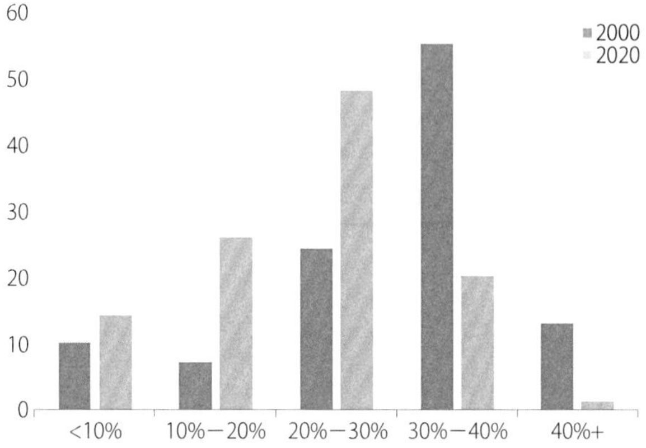

出所：OECD "Corporate Tax Statistics 2.ed 2020"

　国際間取引が増加し，多国籍企業が増加する現状に合わせ，同様の視点で法人税率を引き下げる多くの国があらわれ，**法人税率引下げ競争**が生じています。OECD のデータによると，2000 年に 68 カ国（全体の 3 分の 2）で 30％を超えていた法人税率は，20 年後には 76 カ国の税率が 10 ～ 30％の間に収まっており，この 20 年間に各国で法人税率が引き下げられてきた様子を物語っています（図表 52）。こうした動きが企業や個人の国際的租税回避行動を誘発し，結果的に各国の税収が大幅に減る**税源侵食**，**税制への信頼性や公平性の低下**などの悪影響が拡大するとの懸念が生じつつあります。

　ゆきすぎた租税競争によって生ずる弊害の除去は，各国にとって解決すべき課題の 1 つでもあり，移転価格税制のような法整備や国際間の租税条約の改正のほか，「**税源侵食と利益移転プロジェクト BEPS**」のような国際的な租税協力の枠組みづくりが試みられています。

5－3．消費税

　2019 年 10 月，（地方消費税と合わせた）消費税率が 8％から 10％に引き上げら

れました。消費税は，原則としてすべての物品サービスの提供に対し，すべての取引段階で，その取引額に対して，（地方消費税と合わせて）10％の税率で課税される従価税です。

　個別物品ごとに課税していた物品税が廃止され，消費税が我が国に導入されたのは平成元年（1989年）4月。スタート時の税率は3％でした。導入に際しては，勤労世代が減り少子高齢社会が迫り来る中，所得課税に偏った従前の制度ではそのような社会に適合した税制とは言えない点，個別消費税の課税のアンバランス，サービス課税がなされていなかった点などが指摘されていました。

　このように我が国の消費税は，所得税や法人税のそれと比較すればはるかに浅い歴史しかありません。しかし数度の税率改定（3％→5％→8％→10％）を経て，短期間のうちに最大の税収が見込まれる基幹税に成長しました。日本の消費税と原理的には同じ税である欧州の付加価値税も，例えばフランスは1968年の導入，ドイツではその翌年の導入というように，こちらも比較的歴史の浅い税制ということになります。

消費税の特徴

　消費税の特徴としてあげられるのは，

　　1）勤労世代に負担が集中しない
　　2）勤労意欲を阻害しない
　　3）税収が安定的
　　4）財源調達力が高い

です。

　いずれも，従来の基幹税であった所得税の難点を克服する可能性を示しています。1）は世代間の負担の公平の視点です。公平という視点では，所得税の所得捕捉率が充分でない現状に比べ，消費税が水平的公平を達成しやすい点も加えることができるでしょう。高度成長の再来が見込みにくい経済にあって，

経済的意思決定を歪ませることが少なく，経済成長へのマイナス要因が少ない点を指摘した２）。すでに示した図表43が，３）４）について如実に物語っています。所得税収や法人税収が景気の変動を受けて大きく変動していることと比べ，消費税の変動がほぼ税率改定時のみという点は特徴的です。

消費税の仕組み

仕入税額控除

消費税の納税義務があるのは，国内取引において商品を販売するなどして課税される資産の譲渡を行い，事業として対価を得た事業者（個人事業者と法人）などです。したがって事業者でないものが行った取引や，給与所得者の自家用車売却，個人事業者が家庭で使用していた家電製品など生活用資産の（事業としてではない）売却は**不課税取引**とよばれ，課税対象とされません。また課税売上高が少ない（1,000万円以下）事業者などは納税義務を免除され，**免税事業者**とよばれます。課税を免除されない事業者は**課税事業者**とよばれます。輸入取引については，保税地域（税関の輸入許可が下りない状態で，海外貨物の関税徴収を保留しおくことができる場所）から課税される貨物を引き取る事業者や個人に納税義務があります。したがって，いわゆる個人輸入についても納税義務が生じます。

消費税は，国内におけるすべての資産譲渡やサービス提供に対して課税されるのが原則です。しかし，土地や有価証券の取引，郵便切手など消費税になじまないとされるもの，あるいは医療（社会保険医療など）や介護・福祉（訪問介護など），教育（授業料など）など政策的配慮が必要とされるものは**非課税**とされています。

財サービスの消費活動があった地域で税負担を求める考え方を**消費地課税主義**もしくは**仕向地主義**とよびます。この考え方に基づいて，国外消費のための輸出取引，国際輸送・国際通信などは消費税を免除されます（**免税取引**）。仕向地主義は，地方消費税における税収帰属先の議論にも関連します（第９章 地方消費税の清算問題）。

消費税は，原則としてすべての財サービスの国内における販売提供に対して課税されます。財サービスの製造・流通・販売の過程で，その販売提供に関わ

図表53　仕入税額控除①

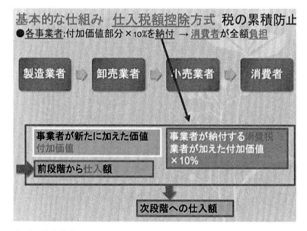

出所：筆者作成。

図表54　仕入税額控除②

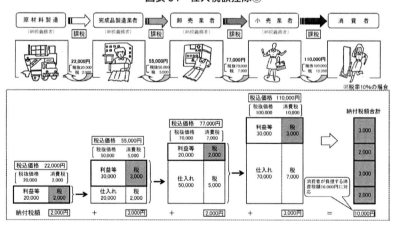

（注）「税」,「消費税」には地方消費税を含む。
出所：財務省ホームページ。

るすべての事業者が納税義務者となりますが，税の最終的な負担者としては消費者が想定されている間接税です。

　売上に対して課税され，事業者が税を納付します。その税負担が後転される

過程で，税額分に税が課せられるような**税の累積**が起こらないように，（売り上げにかかる消費税額）から（仕入れにかかる消費税額）を控除し，差額を納税するという仕組み（**仕入税額控除**）をとっています（図表53, 54）。仕入税額の把握にあたっては，かつては自己記帳に基づく帳簿などが求められていました。複数税率制となるのを機に，より信頼性が勝るインボイス制度へ動き出しました。

これについては，図表54の仮設例を見ながら説明してみましょう。

ここでは，原材料製造業者が2万円で作った財（例えば布）を，完成品製造業者が3万円分の付加価値を加えて商品にし（例えば洋服），その商品を卸売業者が2万円の利益を見込んで仕入れ，小売業者が卸売業者から仕入れたものに3万円の利益を上乗せし，最終的に，それを消費者が購入消費するケースです。

各段階の事業者が見込む利益を合計すると10万円になり，消費者が最終的に支払うのは，10万円の税抜き価格に10％の消費税を合わせた11万円となります。各事業者は（売上げにかかる消費税額）から（仕入れにかかる消費税額）を控除し，差額を納税していきます。

原材料製造業者

2万円の利益に基づいて布を製造

2万円 × 10％ = 2,000円を納税

利益 + 納税額 = 22,000円で完成品製造業者に売る

完成品製造業者

原材料製造業者から布を22,000円で仕入

3万円の付加価値をつけて服を製造

3万円 × 10％ = 3,000円を納税

①原材料業者からの仕入額　　　　　　22,000円

②完成品製造業者の付加価値額 + 納税額　33,000円

① + ②の合計55,000円で卸売業者に売る

卸売業者

完成品製造業者から 55,000 円で仕入

2 万円の付加価値をつける

2 万円× 10% = 2,000 円を納税

③完成品製造業者からの仕入額	55,000 円
④卸売業者の付加価値額＋納税額	22,000 円

③＋④の合計 77,000 円で小売業者に売る

小売業者

卸売業者から 77,000 円で仕入

3 万円の付加価値をつけて服を販売

3 万円× 10% = 3,000 円を納税

⑤卸売業者からの仕入額	77,000 円
⑥小売業者の付加価値額＋納税額	33,000 円

⑤＋⑥の合計 110,000 円で消費者に売る

消費者

　小売業者から 10 万円（税抜価格）と消費税 1 万円を合わせ，11 万円で服を購入。

簡易課税制度

　仕入税額控除の仕組みは事務負担が大きすぎるとして，課税売上高が 5,000 万円以下の中小事業者には**簡易課税制度**が選択できるように認められています。仕入控除できる額（仕入れまでに納付された税）は，本来なら上述のように実際の課税仕入れ高に消費税率をかけて求めます。簡易課税制度では，課税標準額（課税売上の合計額）に対する消費税額だけがわかれば，これにあらかじめ

定められた業種ごとの一定のみなし仕入率（卸売業90％，小売業80％，製造業70％，飲食店業60％など）をかけて計算します。

　事務処理的には簡便になる一方で，もし本来のケースで計算される控除すべき実際の仕入れ税額よりも簡易課税制度による仕入控除額が多ければ（みなし仕入率が実際よりも過大なケース），業者は簡易課税制度を選ぶことによって納付する税額を抑えることができます。これでは消費者が支払った税額よりも納付される税額が少なくなり，その差額は当該事業者の利益（**益税**）となるので，公平の点から問題があるとの批判がありました。

　複数税率の導入を機に，必要とされる事項が記載された帳簿，そして登録事業者から交付された適格請求書の保存を求めることにより信頼性が高められた**インボイス**制度が2023年から本格導入されることになり，益税は縮小に向かうと見込まれています。

税率改正と社会保障

　2019年10月の消費税率引上げに際し，従来1本であった税率が，標準税率の10％と軽減税率の8％という二本立てになりました。軽減税率の対象となったのは，税率引上げが家計に与える影響を緩和する観点から，飲食料品（食品表示法に規定された）のうち酒や外食，ケータリングを除いたもの，新聞，医薬品などです。

　このような二本立ての税率は，広く世界で採用されていますが，10％であるとか8％であるとかの税率そのものの水準は，とりわけ標準税率についていえば，EUやOECD諸国の水準ほど高くはありません（図表55）。

　また，消費税の負担が勤労世代に偏らない点などをとらえて社会保障の財源に適しているとし，消費税率引上げに伴う増収分は，待機児童解消など子育て面から幼児教育／高等教育面，介護職員の待遇改善も含むなどさまざまな世代の社会保障制度に使われるとされました。

図表55　付加価値税率（標準税率及び食料品に対する適用税率）の国際比較

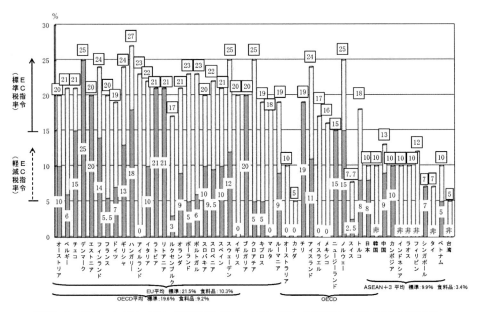

（備考）1．日本については、10％（標準税率）のうち2.2％、8％（軽減税率）のうち1.76％は地方消
　　　　　費税（地方税）である。
　　　　2．カナダでは、連邦税である財貨・サービス税（付加価値税）に加え、ほとんどの州で州税として
　　　　　付加価値税等が課される（例：オンタリオ州8％）。
　　　　3．OECD加盟国のうちアメリカでは、売買取引への課税として付加価値税ではなく、州、郡、市
　　　　　により小売売上税（地方税）が課されている（例：ニューヨーク州及びニューヨーク市の合計
　　　　　8.875％）。
　　　　4．ASEAN加盟国のうちブルネイには売買取引に課される税が存在せず、マレーシアでは2018
　　　　　年9月に付加価値税が廃止され、売上・サービス税が導入され、ミャンマーでは売買取引への課
　　　　　税として取引高税が課されている。
　　　　5．上記中、■が食料品に係る適用税率である。「0」と記載のある国は、食料品についてゼロ税率が
　　　　　適用される国である。「非」と記載のある国は、食料品が非課税対象となる国である。なお、軽
　　　　　減税率・ゼロ税率の適用及び非課税対象とされる食料品の範囲は各国ごとに異なり、食料品に
　　　　　よっては上記以外の取扱いとなる場合がある。
　　　　6．EC指令においては、ゼロ税率及び5％未満の軽減税率は否定する考え方が採られている。ただ
　　　　　し、1991年時点でこれらを施行していた国は、引き続き適用することができる。
　　　　7．OECD平均は日本及び付加価値税の存在しないアメリカを除外している。ASEAN＋3平均は
　　　　　日本並びに付加価値税の存在しないブルネイ、マレーシア及びミャンマーを除外している。
（出所）各国大使館聞き取り調査、欧州連合及び各国政府ホームページ等による。

出所：財務省ホームページ。

第6章

財政赤字と公債

　毎年の公共サービスの費用を賄う一般的な手段は租税です。しかし租税をもって賄えない場合には，公債の発行，または証券の発行を伴わない**借入**によって賄うことになります。

　ひとまず借入について概略説明しておきましょう。

　一般会計および6つの特別会計（以下に述べる3つの特別会計に加えて，**年金特別会計，食料安定供給特別会計，自動車安全特別会計**）では**財政融資資金**からの借入があります。一般会計の借入金残高は10兆円程度，6つの特別会計のうちでは，**交付税及び譲与税配付金特別会計**の借入残高が8兆円，年金特別会計の借入残高が1.4兆円といったところが，財政融資資金からの借入が多い特別会計となっています。

　また以下の3つの特別会計には民間からの借入があります。まず平成12年7月以降の交付税及び譲与税配付金特別会計です。これについては平成19年度からは，債務返済のための借入以外，新規の借入を停止していますが，財政投融資資金からの借入を含め30兆円程度の残高があります。次に平成10年度から借入がある**国有林野事業債務管理特別会計**（平成10年当時は国有林野事業特別会計）です。これも現在，債務返済のための借入以外，新規の借入を停止していますが，1兆円の残高があります。そして平成16年2月以降，借入が始まった**エネルギー対策特別会計**（平成16年当時は，石油及びエネルギー需要構造高度化対策特別会計）です。これは平成24年2月からは，原子力損害賠償支援勘定において借入を行っています。

　3つの特別会計における借入のうち，財政融資資金からの借入は国の部門間の

借入ですが，それ以外は民間に対する国の債務ということになります。

さらに租税によって賄えない一時的な資金不足に対しては，第4章 予算で説明した**政府短期証券**の発行で賄います。

政府短期証券は，**財務省証券**（年度内における国庫の資金繰りのため），**財政融資資金証券**（財政融資資金に属する現金の不足に対処），**外国為替資金証券**（外国為替資金に属する現金の不足に対処）などがあります。

さて本章では，公債について説明します。

第2章の財政の機能のところで説明したとおり，経済停滞時に公債を財源に政府支出を積極的に拡大して総需要を増やし，経済を活性化させる財政政策（**フィスカル・ポリシー**）は，適切に運用されれば大きな効果を生み出すことができます。このため，フィスカル・ポリシーは今や一国の経済安定に欠かせない世界共通の政策ツールとなりました。ただその一方で，公債の適切な運用は容易ではありません。第一次世界大戦中の大量の国債発行が，戦後数年間で1兆倍とも言われる物価上昇（**ハイパー・インフレーション**）をもたらした経験を持つドイツのような国もありましたし，近年では膨大な財政赤字の発覚から経済破綻に向かう動きを見せたギリシャのような例もありました。そのような轍を踏むことは避けなくてはならず，また新型コロナウィルスのような突発的な事象に財政的に耐えられるように準備しておくためにも，財政規律を重視した適切な財政運営が望まれています。

政府による資金調達は現在，大規模なものになっています。公債の大量発行は，発行残高の急増をもたらし，令和2年度末には，国民一人当たり769万円，勤労者世帯の平均可処分所得（546万円）をはるかに上回ると試算されています。

また国と地方を合わせた債務残高がGDPの250％超（第2次補正予算まで，令和2年度末）と見込まれるなど，他の先進国を引き離して高い水準であり，これが国民経済に与える影響は大きなものです（図表56）。その国民経済の状況が，政府による資金調達にも影響を与えるということにもなります。国債や地方債などの公的性格を有する債務が，国民経済に無理なく受け入れられるこ

図表 56　債務残高の GDP 比率

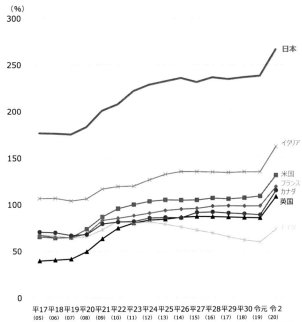

出所：財務省『我が国の財政事情　令和2年12月』。

とで国債が円滑に発行され，調達コストも抑えられるようにさまざまな手段を
講ずる政策を，**債務管理政策**（国債管理政策）とよびます。

6-1.　財政の基本方針と公債累積の歩み

均衡財政主義

　我が国の財政の基本方針は，**財政法**に定められています。

財政法　第4条
　国の歳出は，公債又は借入金以外の歳入を以て，その財源としなけれ
ばならない。

　このように財政の基本方針としては借金によらない財政を標榜しており，公共サービスが主として税収によって賄われる状態を健全な財政と認めています。このような考え方を**均衡財政**主義とよんでいます。

　ただしこの第4条には引き続いて，

> 　但し，公共事業費，出資金及び貸付金の財源については，国会の議決を経た金額の範囲内で，公債を発行し又は借入金をなすことができる。

という但し書きの規定があって，均衡財政主義が基本ではあっても，掲げられたような条件のもとで借金をなすことを認めています。

　財政法第4条但し書きの規定によって，発行される公債はその内容から**建設国債**とよばれたり，財政法の条数をとって「**四条国債**」とよばれたりしています。均衡財政を旨とする我が国財政が公債を発行するのは，原則的には財政法第4条の但し書きによって，主に公共事業の資金調達のためのみになります。このような考え方を**建設国債主義**とよびます。

　他方，財政法の規定に沿わない，その意味で例外的な公債は**特例公債**です。こちらは，国会にいわゆる財政特例法を提出し，可決されて初めて認められる公債です。その性質から**赤字公債**ともよばれています。

　なお第9章で説明されますが，地方財政法第5条に同様の但し書き規定があり，これに基づいて地方公共団体が発行する公債は**五条債**とよばれています。

　さて実態を確認してみましょう。

　図表57は最新の令和3年度の一般会計歳入を示したものです。目につくのは，一般会計歳入総額に占める公債金からの収入の割合（**公債依存度**）が40.9％に上り，その多くが特例国債であることです。その前年，新型コロナウィルス対策のために3次にわたる補正をなした令和2年度の公債依存度は64.1％，建設国債の発行額は22.4兆円，特例国債も90兆円の発行と，いずれも過去最高を記録しています。

図表 57　令和 3 年度当初予算

一般会計歳入

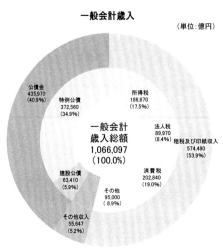

（単位：億円）

出所：財務省資料。

公債累積　半世紀の歩み

　一般会計における税収と歳出の差を埋める公債の発行は近年に限られるわけではなく，公債は図表 58 − 1 のように半世紀以上にわたってほぼ継続して発行され続けてきました。その間の財政をめぐる動きを概観しておきましょう。それは，新税導入を含む大胆な財政改革目標を掲げては挫折を繰り返し，結果的に歳出削減に軸足をおいた歴史でもありました。

　出発点は図表 58 − 1 の左端よりもさらに 10 年前，前回の**東京オリンピック**翌年の昭和 40 年度（1965 年度）第 3 次補正予算に遡ります。すでにオリンピック景気は止み，山陽特殊製鋼が倒産，証券不況で山一證券が破綻危機に直面するなどの事態（40 年不況）が訪れていました。高度成長期には自然増収もあり，ドッジ・ラインの下での**非募債主義**を貫くことができた日本財政でしたが，ここで税収不足に陥り，一般会計では 1947 年以来はじめてになる 1,972 億円の国債が補正予算で発行されました。この時は，特例法を必要とする**特例国債**が発行されましたが，翌年度からは当初予算段階から**建設国債**が発行され

図表 58 − 1　公債発行額，公債依存度の推移

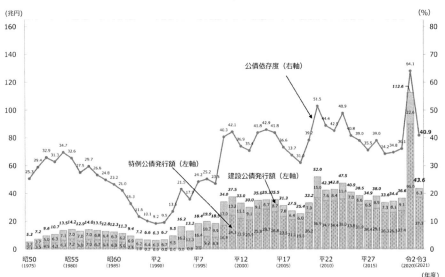

（注1）令和元年度までは決算，令和2年度は第3次補正予算案，令和3年度は政府案による。
（注2）令和元年度及び令和2年度の計数は，臨時・特別の措置に係る計数を含んだもの。
（注3）公債発行額は，平成2年度は湾岸地域における平和回復活動を支援する財源を調達するための臨時特別公債，平成6～8年度は消費税率3%から5%への引上げに先行して行った減税による租税収入の減少を補うための減税特例公債，平成23年度は東日本大震災からの復興のために実施する施策の財源を調達するための復興債，平成24年度及び25年度は基礎年金国庫負担2分の1を実現する財源を調達するための年金特例公債を除いている。
（注4）公債依存度は公債発行額を一般会計歳出総額で除して算出。
出所：財務省資料『我が国の財政事情』令和2年12月。

　ることになります。
　この時代は，政治家と官僚の間のパワーバランスが崩れ，予算拡大の政治的圧力が強まったと指摘されることもあります。しかしその一方で，**財政硬直化**への懸念を強くアピールし，いわゆる60年償還ルールを基本とする減債基金の制度も確立（昭和42年）されました。さらに「**いざなぎ景気**」にも支えられて昭和45年度（1970年度）には公債依存度が4.2%という低水準に戻ることができました。この頃は，公債発行にまだ一定の慎重さがあった時代ということもできます。

　その後，ニクソン・ショックによる不況対策としての財政支出拡大があった
ものの，**石油ショック**からの強いインフレーション（狂乱物価）に対処すべく
公共事業の抑制などの緊縮財政が行われると，景気は急激に下降し，昭和49
年度（1974年度）には戦後初の実質マイナスの経済成長率を記録することにな
ります。法人税の大幅減収によって，翌昭和50年度（1975年度）の補正予算
は10年ぶりに**赤字国債**の発行を余儀なくされてしまいました。その後，**公債
依存度**は昭和49年度（1974年度）の11.3％から翌年は20％後半に，昭和54年
度（1979年度）には34.7％と，短期間に急上昇しました。かくて「赤字国債の
大量発行時代」「国債を抱いた財政」を迎えることになった昭和50年（1975
年）頃からが，図表に示されているということになります。

　昭和54年（1979年）には，大平正芳内閣が財政再建をめざして**一般消費税**
の導入を閣議決定までしたものの，総選挙での支持を得られず断念。今日の消
費税が施行されるには，10年の年月が経過した平成元年（1989年）4月，竹下
登内閣まで待たねばなりませんでした。

　かくて増税という形での財政再建が困難となった情勢で財政を立て直そうと
すれば，歳出面での積極的な合理化策に注力されることとなります。

　昭和55年（1980年）は「**財政再建元年**」と名付けられ，「赤字国債発行から
10年後の昭和59年度（1984年度）において赤字国債から脱却」が掲げられま
した。また，概算要求段階で前年度からの歳出伸び率をあらかじめ決め，歳出
を一律抑制するシーリング，これは昭和36年度（1961年度）以降実施されて
おり，当初はある意味で増分主義的なルールでしたが，これを**ゼロ・シーリン
グ**や**マイナス・シーリング**といったより厳しいものとしました。昭和56年
（1981年）に経団連から土光氏を会長に迎え発足した第二次臨時行政調査会
（**第二臨調**）は，「**増税なき財政再建**」を掲げ，三公社の**民営化**（今日のJR,
NTT，JTの発足）などを行いました。これらの施策にもかかわらず特例国債か
らの脱却の目標年次は延長せざるをえず，最終的に赤字公債からの脱却が実現
されたのは平成2年度（1990年度）予算でした。

　この時代は，昭和60年（1985年）のプラザ合意におけるドル安誘導が円高

不況をもたらし，これへの対策から従来の緊縮型予算を一変させるなどしてひきおこされた**バブル経済**（資産価格の上昇）の時代，消費税が導入された頃でもあります。

　そのバブル経済は，平成2年（1990年）からの株価，地価の下落で崩壊し始めます。平成7年（1995年），村山富市内閣の時に発生した**阪神淡路大震災**を経て，度重なる財政出動ですでに先進国最悪の財政状況に陥っていた平成9年（1997年），橋本龍太郎内閣のもとで「**財政構造改革法**」が制定されています。しかし同年，資産価格の大幅下落による不良債権拡大／金融収縮によって北海道拓殖銀行の破綻，山一證券の自主廃業など**金融危機**が勃発し，東アジアの通貨危機の影響もあって，平成10年度（1998年度）に，我が国経済は再び**マイナス成長**となります。

　細川／羽田／村山氏による非自民党政権の後を引き継いでいた橋本政権は，多岐にわたる構造改革（経済構造，金融システム，行政，社会保障，財政構造，教育）を実施したものの，先の**財政構造改革法**は翌年春には特例公債発行枠の弾力化ができるよう改正されたのち，参議院選挙の責任をとって橋本氏が辞任。続く小渕恵三内閣（平成10年夏から）のもとで，わずか1年で凍結される運命となってしまいました。そして政権は森喜朗氏（平成12年春から）に引き継がれることになります。

　平成11年度，12年度は積極的な景気回復策が展開されますが，充分な景気浮揚が実現されず，住民税や所得税の減税も実施されたため税収は減少します。歳出と歳入の差はますます拡大し，図表58-2のように平成12年（2000年）ごろには従来見られなかったような「ワニの口」状態（一般会計歳入と歳出の継続的拡大）が生まれ，公債残高，公債依存度とも急上昇していくことになります。この間は，思い切った構造改革に切り込むよりも，大規模な公共事業と減税を中心とする伝統的な経済政策が講じられ続けたにすぎなかったとの指摘もあります。

　平成11年頃からの短期のITバブルが弾けた後，景気が穏やかに上昇する（**いざなみ景気**）局面となった平成13年（2001年），小泉純一郎内閣が誕生します。

図表 58 − 2　バブル崩壊後に登場するワニの口

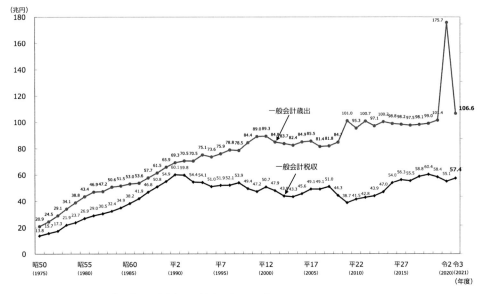

出所：財務省資料『我が国の財政事情』（令和2年12月）。

　小泉内閣では国債発行額を 30 兆円以下に抑える目標を据え，これは平成 14 年度当初予算までは達成されました。もっともこの時は，一般会計と特別会計と間の資金の流れを活用するという会計上の特例的な措置も，目標達成のために加えられています。外国為替資金特別会計で生じた余裕資金から一般会計への繰入を前倒しして行う，あるいは交付税及び譲与税配付金特別会計借入金の償還期限を延長するなどの措置でした。小泉内閣に限らず，国の赤字額をわかりにくくする類似の会計上の措置が行われることもあり，留意が必要だとの指摘もあります。

　小泉内閣においてはまた「**聖域なき構造改革**」を掲げて，財政構造改革，省庁再編や郵政民営化などさまざまな面での構造改革が行われています。さらに平成 18 年（2006 年）には，債務残高の GDP 比率を安定的に下げることをめざして「2011 年度に国・地方を合わせた**プライマリーバランス**を確実に黒字化

する」旨の「基本方針2006」が経済財政諮問会議（2001年，内閣府に設置）により策定され，閣議決定されました。プライマリーバランス（基礎的財政収支）とは，国債費以外の歳出を主として税収で調達できるかという指標で，財政赤字克服の1つの指標として近年しばしば用いられています。なおプライマリーバランスの黒字化目標については未だ達成されず，現在は黒字化の目標年次が令和7年度（2025年度）に先伸ばしされています。

　さて小泉内閣ののち景気は再び悪化し，平成19年（2007年）秋には，米国のサブプライム・ローン問題に端を発する**リーマン・ショック**という大波が訪れました。翌年秋に発足した麻生太郎内閣のもとでは「当面は景気対策，中期的には財政再建，中長期的には改革による経済成長」が標榜されました。同内閣では，消費税を含めた税制の抜本改革のための法的措置を模索するなどした一方で，税収減少と景気対策，とりわけ57兆円と突出した規模での緊急経済対策（平成21年/2009年4月）がなされるなどして，公債依存度は急上昇し，平成21年度決算段階で過去最高の51.5%となりました。

　麻生内閣の後を受けた，いわゆる民主党政権（鳩山政権，菅政権，野田政権）の時代には，厳しい経済環境のもと緊急経済対策の策定や「**コンクリートから人へ**」などの理念に基づく予算が組まれました。平成23年（2011年）3月に発生した**東日本大震災**では四次にわたる補正予算が組まれ，公債依存度は51.8%（決算段階）に上昇しました。また同年冬には，復旧復興にかかる財源確保にあたって**復興特別所得税，復興特別法人税**（平成26年3月に前倒し廃止）が創設され，またこれらの財源が入るまでの繋ぎとしての**復興債**（11.6兆円）が発行されています。

　平成24年（2012年）の夏には，すでに閣議決定されていた消費税率の段階的な引上げ（平成26年に8%・27年に10%）と社会保障財源化を含む「**社会保障・税一体改革**大綱」に沿った関連法案が成立しています。

　同年冬に発足した安倍晋三内閣は「大胆な金融政策」「機動的な財政政策」「民間投資を喚起する成長戦略」を**三本の矢**として，不況脱却を目指しました。消費税の8%への引上げは予定どおり平成26年（2014年）に実施され，社会保

障・税の一体改革が動きだしました。しかし10％への引上げは二度にわたり延期された末，令和元年（2019年）秋の実施となりました。

　この間，平成29年（2017年）における消費税収の使途変更を受けて，小泉内閣からはじめられた**プライマリーバランス**の黒字化の目標達成年度がさらに2025年度に先延ばしされ，加えて新型コロナウィルス対策の経済対策の財源に国債が大増発されることとなりました。

　令和3年（2021年）1月段階の試算では，プライマリーバランスの黒字化はさらに遅れ，2029年ごろにずれ込むとされています（歳出改革を織り込まない場合。経済財政諮問会議に提出された内閣府『中長期の経済財政に関する試算』）。ただし，2025年という目標年次については現在のところ堅持されています。

6−2．国債の制度

国債の区分　発行根拠や償還期限

　図表59をご覧ください。国債を，その発行根拠となる法律ごとに分けるとき，まず大きく**普通国債**と財政投融資特別会計国債（**財投債**）とに分けられます。この区分は償還のための財源の違いで，前者は主として税によって賄われ，後者は主として財政融資資金の回収金によって賄われます。

　普通国債は，一般会計によって発行され一般会計の歳入となるもの（建設国債および特例国債）と，特別会計によって発行され特別会計の歳入となる**復興債**（東日本大震災復興特別会計）および**借換債**（国債整理基金特別会計）からなります。

　令和2年度（第3次補正後）の発行予定額では，総額260兆円のうち建設国債22兆6,000億円，特例国債90兆円，ここまでを合計した新規国債は112兆6,000億円となります。さらに復興債8,000億円，財投債40兆7,000億円，借換債109兆円という規模になっています。

　発行根拠の法律は異なっていても，それぞれに金融商品としての違いはなく，発行は一体となって行われます。

　以上の発行根拠となる法律による区分を発行目的という視点によってみる

すこし
寄り道 ⑪　**特例公債の国会審議**

　赤字公債を発行するごとに国会の審議を受け，その意味では厳しい制約のもとで発行が認められている特例国債ですが，予算執行に柔軟性を増す観点から，2016年からは2020年までの期限付きで，政府の判断で発行が認められるよう法改正がなされています。2021年度予算は本来なら適応期限が切れる予算ですが，適応期限を延長する法案が提出されています。新型コロナ対応のためとはいえ民主主義的手続きが省かれ，財政規律が緩むことへの懸念も指摘されています。

図表59　国債の発行根拠法などによる分類

国債	普通国債	償還財源は主に税	建設国債	一般会計で発行	・財政法第4条但し書き ・金額の範囲は国会の議決必要 ・一般会計予算総則に記載
			特例国債		・年度ごとの特例法 ・金額の範囲は国会の議決必要 ・一般会計予算総則に記載 ・税収などを鑑みて最小限の発行
			復興債	東日本大震災復興特別会計で発行（平成23年度から令和7年度まで）	・東日本大震災からの復興のための施策を実施するために必要な財源の確保に関する特別措置法（復興財源確保法）。 ・国会の議決を得た範囲で発行。 ・特別会計予算総則に記載
			借換債	国債整理基金特別会計で発行	・60年償還ルールに基づき発行するので債務残高の増加とはならない ・復興債は復興特別税の税収や株式売却などに応じて発行 ・発行限度について国会の議決不要
	財政投融資特別会計国債（財投債）	償還財源は主に財政融資資金回収金		財政投融資特別会計で発行	・国会の議決を得た範囲で発行 ・特別会計予算総則に記載

出所：財務省『債務管理リポート2020』財務省理財局，36ページから筆者作成。

と，普通国債はさまざまな財政需要を賄うための歳入を調達する目的の**歳入債**であり，財政投融資資金の運用財源のために発行される財投債とは目的が異なるということもできます。発行目的という点では，他に**繰延債**（戦没者遺族や引揚者に交付される**交付国債**，IMFなどの国際機関に加盟するに際して出資する現金にかえて発行される**出資国債**など），**融通債**（短期国債のうち日々の資金繰りのために発行されるもの）があります。

　金融商品として国債を区分するときには，償還期限などによって**短期国債**（償還期限6ヵ月，1年など），**中期国債**（償還期限2年，5年），**長期国債**（償還期限10年），**超長期国債**（償還期限20年，30年，40年），**物価連動国債**（償還期限10年），**個人向け国債**（固定3年，固定5年，変動10年）に分類されます。また利子の支払われ方によって，**固定利付債**（満期まで半年ごとに利子が支払われ，元金は満期時に支払われる），**割引債**（途中で利子が支払われないで，満期時に額面金額の全額支払われる，国庫短期証券T-Billとよばれる短期国債），**物価連動国債**（物価に連動して元本利子が増減），**個人向け変動10年国債**（利率が変動）に分かれます。

　さらに国債の発行方式によって区分すると，**市中発行方式**（財務省から提示された市場の実勢を反映した利率などの応募条件に対して，入札参加者が落札希望価格などを入札する公募入札，など），**個人向け販売**（銀行や郵便局で，個人投資家から固定利付債などの申込みを受ける，など），**公的部門発行方式**（日本銀行が市中で購入した国債が満期となったときに，財務省の要請によって，その一部の償還を国に求める代わりに借換債を引き受ける）に分類されます。

　令和2年度（第3次補正後）の発行予定額を発行方式ごとにみると，総額260兆円のうち市中発行分が257兆7,000億円と圧倒的に多く，他に個人向け販売分3兆2,000億円，公的部門分2兆2,000億円となっています。また国債の応募受付や払込金の受領など発行関係の事務や元利金の支払いなどの事務は，その大部分が**日本銀行**に委託されており，国が直接行っているわけではありません。

図表60　国債の保有者

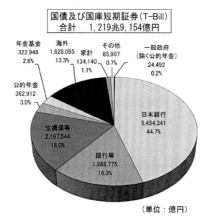

出所：財務省資料。

日本銀行が保有する国債

　図表60を見ると，国内の国債保有者のトップに日本銀行が登場しています。

　財政法第5条によって，国債は市中で消化されるのが原則（**市中消化の原則**）とされ，中央銀行である日本銀行が，**財政ファイナンス**として国債を買い入れること（公債の**日銀引受け**）は禁じられています。これは戦争中の大量の国債発行が日本銀行の引受けで行われ，それが戦後の強度インフレーションを導いた経験からの反省だとされています。

　他方，日本銀行は金融を安定させる（**金利政策**）目的で**買いオペレーション**を行います。この目的の結果，保有することになった国債にかんしては，財政法第5条の但し書き規定によって，国会が認める範囲内で，償還期限が来たものを借り換えるための国債（借換債）発行を日本銀行が引き受けています。

財政法第5条

　すべて，公債の発行については，日本銀行にこれを引き受けさせ，又，借入金の借入については，日本銀行からこれを借り入れてはならない。但し，特別の事由がある場合において，国会の議決を経た金額の範囲内では，

この限りでない。

　日本銀行は近年，デフレ脱却と持続的成長実現をめざして，消費者物価指数の2％成長を目標とする**金融緩和**を進め，**長期国債**（償還期限10年）の金利がゼロになるように長期国債の買い入れを進めてきました。また，新型コロナウィルス対策などを行う大規模な補正予算が大量の国債発行で賄われる状況のもと，2020年4月には経済成長率や期待インフレ率の低下を防ぐため，積極的に長期国債を買い入れて国債金利の上昇を抑えていく方針を示しています。

　新型コロナウィルス対策自体は緊急避難的措置とはいえ，日本銀行の資産額が国債の大量引受けで名目GDPを超える規模にまで膨らんでいることや，日本銀行の金融政策は基本的には政府から独立してなされることが求められている（日本銀行法第3条）点から，**日本銀行の独立性**の確保に一定の配慮が必要だと指摘されることもあります。

日本銀行法
第3条　日本銀行の通貨及び金融の調節における自主性は，尊重されなければならない。
　2　日本銀行は，通貨及び金融の調節に関する意思決定の内容及び過程を国民に明らかにするよう努めなければならない。
第4条　日本銀行は，その行う通貨及び金融の調節が経済政策の一環をなすものであることを踏まえ，それが政府の経済政策の基本方針と整合的なものとなるよう，常に政府と連絡を密にし，十分な意思疎通を図らなければならない。
第5条　日本銀行は，その業務及び財産の公共性にかんがみ，適正かつ効率的に業務を運営するよう努めなければならない。
　2　この法律の運用に当たっては，日本銀行の業務運営における自主性は，十分配慮されなければならない。

減債の仕組み　①60年償還ルール

ところで，**建設国債主義**に則って，公共事業についてだけ公債発行が認められるのはなぜでしょうか。それは公共事業によって作られる道路や港湾のような社会資本は耐用年数が長く，長期にわたって国民に便益がもたらされる特性があるからです。公共施設の耐用年数を60年と考えれば，60年後の国民も道路からの便益を受けるのです。

受益と負担のバランスを求める**受益者負担**の考え方にそえば，公共施設が作られた年の国民にも60年後の国民にも，等しく建設費の60分の1の負担を求めたい。

そこで例えば，建築当初の10年は当該年度の納税者の税収などから6分の1だけ負担してもらい，残り6分の5は公債を発行して賄う。10年後にこの国債の償還期限が来たら，次の10年の人々にも総額の6分の1だけ負担をしてもらい，残額（総額からみれば6分の4）は借換債の発行で賄う。これを続けていけば，利子分を別にして，基本的には公共投資の負担を各年に分散できるようになります。**60年償還ルール**ともよばれるこのような考え方は，受益者負担の考え方にそった仕組みというわけです（図表61－1）。

図表61－1　60年償還ルールの仕組み

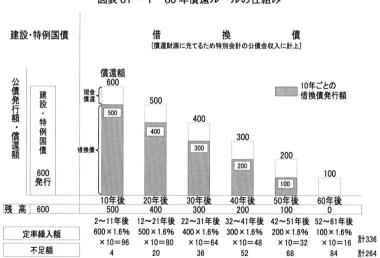

出所：財務省『債務管理リポート2020』。

減債の仕組み　②国債整理基金特別会計

　公債の返済にあたっては，これを確実に行えるよう**国債整理基金特別会計**という減債基金が設けられています（図表61‐2）。

　国債整理基金特別会計は，①一般会計から公債発行総額の60分の1（1.6%）相当額を繰り入れる**定率繰入**，②一般会計決算上の剰余金の半分を下らない分を繰り入れる**剰余金繰入**，③必要に応じて一般会計から繰り入れる**予算繰入**のほか，国債整理基金特別会計に属する**株式の売却収入**や**たばこ特別税**などを財源としています。

　国債整理基金特別会計に属する株式は，**NTT**や**JT**の株式，帝都高速度交通営団（営団）や**日本郵政株式会社**の株式などです。ただし最初の2つはすでにすべて売却され，現在この特別会計に属する株式の売却収入は，**復興債**の償還に充てられています。

　建設国債と**特例国債**の償還は，「60年償還ルール」に則って一般会計からの繰入（①②③）が充てられています。

図表61‐2　国債整理基金特別会計

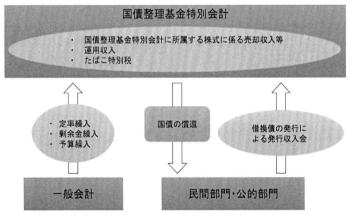

（注1）　一般会計の負担に属する公債等の減債制度です。
（注2）　国債整理基金特別会計に所属する東京地下鉄株式及び日本郵政株式に係る売却収入等は，復興債の償還財源に充てられます。

出所：財務省『債務管理リポート2020』。

　復興債の償還には60年償還ルールを適用せず，令和19年度までに償還することとしています。その財源は，**復興特別税収**，**東日本大震災復興特別会計**からの繰入，上記の④株式売却益とし，それを超える分は**借換債**を発行して賄うこととしています。

プライマリーバランス

　最後に，財政再建への指標として最近活用されている**プライマリーバランス**（基礎的財政収支）について説明しておきましょう。

　プライマリーバランスは，過去の借金にかかる元本や利子は別として，それ以外の政策的な経費を税収などでどこまで賄えているかを示す指標です。日常生活になぞらえて，「生活費を給料でまかなえているかどうかの指標」だとも説明されています（図表62－1）。

図表62－1　プライマリーバランスの均衡

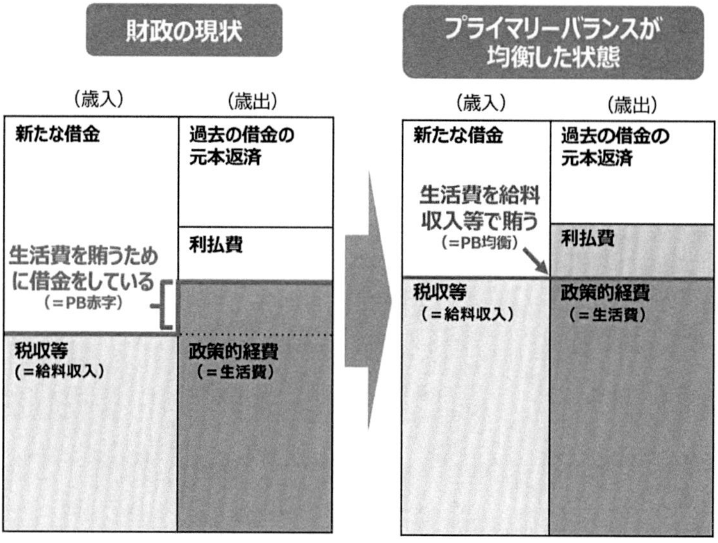

出所：財務省ホームページ。

　プライマリーバランスが均衡すれば，債務残高のGDP比率は，分子にかか
わる金利（公債の利払い）の大きさと，分母にかかわる経済成長率（名目GDPの
伸び率）次第となり，金利＜成長率にできれば債務残高のGDP比率は減少す
ることになります。

　小泉内閣時代にプライマリーバランスを2011年ごろまでに黒字化すると目
標設定されましたが果たせず，目標年限延長のすえ，「国と地方を合わせたプ
ライマリーバランスの2025年度の黒字化を目指す」とする「経済財政運営と
改革の基本方針」を策定しました（2018年）。この段階では，図表62－2のよ
うに少しずつ改善しているとはいえ，未だ生活費すら給料で賄えていないとい
う状況でした。

　さらにここで，新型コロナウィルス対策の経済対策の財源に国債を大増発す
ることとなりました。令和3年（2021年）1月段階の試算では，プライマリー

図表62－2　プライマリーバランスの国際比較

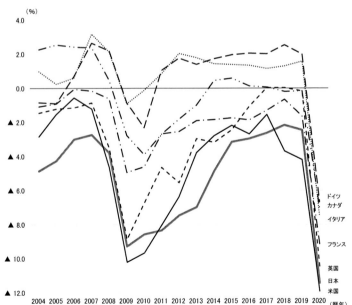

出所：財務省『日本の財政関係資料　令和2年7月』。

バランスの黒字化はさらに遅れ，歳出改革を織り込まない場合は 2029 年ごろ
にずれ込むとされています（経済財政諮問会議に提出された内閣府『中長期の経済
財政に関する試算』）。ただし，今のところ，2025 年度におけるプライマリーバ
ランスの黒字化目標は堅持されています。

６－３．財政赤字の分配と経済成長に与える影響

　財政赤字の巨大化がもたらす問題点は，国民の負担をどのように捉えるか，
負担状況の予測次第で人々の行動がどの程度変わるかなどの仮定の置き方，あ
るいは世代を超えた負担の転嫁をどうみるかなどの違いもあり，経済学的にも
さまざまに論じられてきました。例えば「平成 31 年度予算の編成に関する建
議」では，現世代で財政規律が緩むと現世代の受益が増える一方，財政資源が
枯渇した将来世代においては，低経済成長を被ったり受益が減ったりするとし
て，将来世代に生ずるであろう分配と経済成長面への影響を整理し，「現世代
は将来世代に責任を持っている」のだと指摘しています。この整理を参考にし
ながら，国債発行がもたらす影響を検討してみましょう。

①将来世代における望ましくない再分配の発生
　耐用年数の長い公共施設を建設する際には国債発行が認められていますが，
その理由は，「受益を受ける将来の人々も費用負担できるようにするために公
債発行を活用できる」という視点で説明されました。しかし「その建設を誰が
選択したのか」という視点に注目すると，実は将来世代の人々においては自ら
が決定に関与しなかったのに，前世代の人々の政策決定によって生じた税負担
のみをかぶる構造になっています。**ブキャナン**らは，この点に公債発行の負担
が生じていると主張しました。
　さらに国債を保有している人々は，将来時点で償還費などを受けとります。
この面に注目すると，将来世代においては，租税によって国債を保有する（富
裕）層に向けての所得再分配が行われることになります。

②財政の硬直化による政策の自由度減少

　我が国では，国債増発への警戒感から国債発行当初から指摘されてきたことですが，利払費などの義務的経費の増大によって，経済危機や大規模な災害，今般のような大規模な感染症発生時など，年々の社会経済環境に必要とされる財政的対応をとる余力が減ってしまう点です。この事態は財政硬直化とよばれています。

③クラウディング・アウト

　公債発行の増加は金融市場の需給バランスをくずし，民間部門の国内における資金調達を圧迫することになります。その結果，投資が抑制され，将来の経済成長が望めなくなるような状況をクラウディング・アウトとよんでいます。

④非ケインズ効果

　ケインズ政策は，景気低迷時に財政出動や減税を行うと可処分所得が増加し，消費が活性化し，そして総需要が拡大するという道筋を想定しています。しかし，財政支出を増やしても，将来の負担増を予想した国民は，将来の増税に備えて逆に消費を抑制してしまい，当初想定していた道筋とは逆に経済成長を妨げてしまう効果を持つと見ることができます。このような場合は，将来の負担増という不安を打ち消すような政策が必要になります。

⑤財政への信認低下による金利上昇（国債価格の下落）

　金融環境の悪化は，国債を保有する金融機関の収益悪化をもたらし，これが金融市しいては関連する経済圏の混乱を招いてしまいます。いわゆるギリシャ危機の時に目の当たりにした状況です。

⑥中央銀行の信認の低下

　中央銀行は政府の方針とは独立的に政策を決定することで，金融政策は成果をもたらします。しかし，中央銀行の政策が財政に従属して財政ファイナンス

に協力しているという懸念が強まれば，中央銀行が本来持つべき物価安定への力を失う可能性があります。これはハイパー・インフレの経験がある世界経済にとって大きな問題といえます。

　2010年以降にギリシャなど欧米諸国に発生した財政／金融危機時の国債金利は，例えばギリシャでは4倍以上に上昇し，経済成長率の大幅低下とともに若年層の失業率を大きく引き上げ，最終的には55％に達しました。これら数値は，財政赤字がもたらす社会や経済の混乱の厳しさの一端を示してくれるでしょう（図表63）。

図表63　欧州財政／金融危機時の国債金利，成長率，失業率

	国債金利上昇 （2010.4.23以降）		実質GDP成長率 （2012）	失業率 （　　）内は25歳未満
ギリシャ	8.66%	37.1% （2012.03）	▲7.0%	24.5% （55.3%）
イタリア	4.01%	7.26% （2011.11）	▲2.4%	10.7% （35.3%）
ポルトガル	4.97%	17.36% （2012.01）	▲3.2%	15.8% （37.9%）

出所：財務省資料から筆者作成。

　国債発行がもたらす経済的な影響やその評価については，ほかにもさまざまな見方があります。

（ラーナーなど**新正統派**の視点）
　内国債である限り，国債発行時においては国内の国債購入者から国へ，そして国債償還時においては国から国内の国債購入者へ，いずれの場合にも一国経済の中で債務側と債権保有側との間で資金が移動しているだけであり，したがって負担は存在していないとする考え方です。

（世代間の資金移転を想定したバロー）

　公債発行による将来世代の負担増があっても，それを予想した公債発行世代の人々は，償還世代の人々への遺産を増やすという形で対応するかもしれません。その結果，税も公債発行も，どちらの歳入調達にしても国民経済への影響は同じになるだろうとする考え方は，リカード・バローの**等価定理**（中立命題）とよばれています。

（総債務ではなく**純債務**が重要とする見方）

　総債務から政府機関の金融資産を差し引いて算出した純債務でみると，日本の公的負債はそれほど深刻でないとし，強力な財政再建策には消極的な考え方もあります。ただし，純債務の試算にあたって差し引かれる金融資産は，特別会計に蓄積されている年金資産のような将来の債務払いの財源部分であったり，為替管理上必要な証券であったり，いずれにしても理由があって設置されているもので債務返済利用のためのものではない点，また日本銀行が保有する国債を差し引いて計算する点などには議論のあるところです。

　近年，財政赤字や債務の増大を許容する極端な考え方（MMT **現代貨幣理論**とよばれる）が国会で議論にのぼったこともありました。現在のところ経済学や財政学の主流派には受け入れられていないこの種の考え方も含め，各国の財政赤字が巨額化する中，さまざまな舞台で巨額化する国債の是非をめぐる論争が続いています。

国債発行と金利水準

　国債大量発行がもたらす国民経済への影響を考えるときのキーワードの1つは，金利水準です。大量に公債が発行され資金需要が増えれば，そのほかの状況に変化がない限り，金融市場での需給バランスが崩れ，金利が上昇するというわけです。上で述べたように，金利上昇は国債償還の金利負担を増すだけでなく，金利水準に反応する民間企業の投資意欲を削ぎ，結果として経済成長の芽を摘み

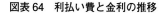

図表 64　利払い費と金利の推移

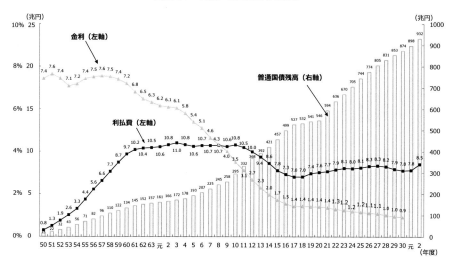

(注1) 利払費は，平成30年度までは決算，令和元年度は補正後予算，令和2年度は補正後予算による。

(注2) 公債残高は各年度3月末現在高。ただし，令和元年度末は補正後予算に基づく見込み，令和2年度末は補正後予算に基づく見込み。また，公債残高は，東日本大震災からの復興のために実施する施策に必要な財源として発行される復興債（平成23年度末：10.7兆円，平成24年度末：10.3兆円，平成25年度末：9.0兆円，平成26年度末：8.3兆円，平成27年度末：5.9兆円，平成28年度末：6.7兆円，平成29年度末：5.5兆円，平成30年度末：5.4兆円，令和元年度末：6.2兆円，令和2年度末：5.6兆円）及び，基礎年金国庫負担2分の1を実現する財源を調達するための年金特例公債（平成24年度末：2.6兆円，平成25年度末：5.2兆円，平成26年度末：4.9兆円，平成27年度末：4.6兆円，平成28年度末：4.4兆円，平成29年度末：4.1兆円，平成30年度末：3.8兆円，令和元年度末：3.6兆円，令和2年度末：3.3兆円）を含む。

出所：財務省ホームページ。

取ってしまい（クラウディング・アウト），経済停滞を招くことになります。

　ところが公債残高の膨張にも関わらず，日本の金利水準はむしろ低下傾向にあります（図表64）。このためクラウディング・アウトのような弊害を強調しない考えもあり得ます。

　我が国で低金利が続く理由はいくつかあります。

　例えば，図表65－1のように，我が国の国債発行残高の9割程度が，安定保有層である国内投資家によって保有され，海外の保有者割合が13％程度に

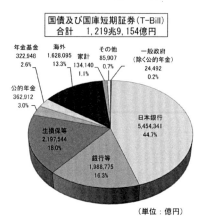

図表65 − 1　国債の保有者

国債及び国庫短期証券（T-Bill）
合計　1,219兆9,154億円

年金基金
322,948
2.6%

海外
1,628,095
13.3%

家計
134,140
1.1%

その他
85,907
0.7%

一般政府
（除く公的年金）
24,492
0.2%

公的年金
362,912
3.0%

生損保等
2,197,544
18.0%

銀行等
1,988,775
16.3%

日本銀行
5,454,341
44.7%

（単位：億円）

出所：財務省ホームページ。

とどまっている点です。海外の保有者の割合は，フランス（55%），ドイツ
（48%），アメリカ（35%），イギリス（29%）のような国々と比べても圧倒的に
低い割合です（図表65 − 2）。

　ただし，国債保有者の多様化／国債保有促進をめざしてさまざまな取り組み
も行われており，海外保有者の割合は上昇傾向にあります。

　また近年，我が国で続く低金利や日本銀行の金融緩和政策の下で，国内の投
資家が国債以外の投資先も積極的に資産運用の対象とする傾向があります。例
えば，株式の収益性，グローバル化した今日では海外の国債の収益性や他国の
金融政策次第（例えば，FRBアメリカ連邦準備理事会の動向）で投資する側の行動
が変わりうるという供給側の動向にも左右されます。これらの点をとらえ，低
金利が安定的に続くとは限らないとの反論がなされています。

図表65 - 2　諸外国の国債等保有者別内訳

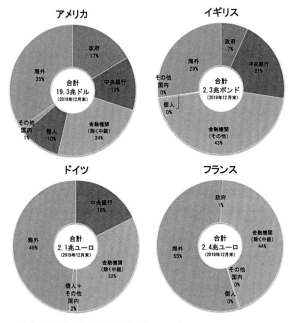

出所：財務省『債務管理リポート2020』。

第7章

地方の自治と財政の制度

　領土（空間）と領民（住民），統治権（自治権）が揃ったところに政府が生まれます。国によりいくつかの段階の政府が存在していますが，これを大きく中央政府と地方政府に分けて見ると，我が国の場合の地方政府にあたるのが都道府県と市町村です。本章では地方政府について，基本的な仕組みを概観します。

　国民生活に身近な行政の多くは地方政府が担っており，国と地方の重複分を除いて約170兆円（令和元年度の国と地方の歳出純計額）に上る政府支出全体のうちの約6割は，地方政府による支出となっています。

　なお憲法や法律では「地方公共団体」という用語が用いられていますが，地方自治尊重の思いから「地方自治体」というよびかたも定着しています。

7－1．地方公共団体の憲法規定　地方自治の本旨

　昭和22年に施行された日本国憲法は，第8章に地方自治の規定を置いています。

憲法第92条
　地方公共団体の組織および運営に関する事項は，地方自治の本旨に基づいて，法律でこれを定める。

　第8章の冒頭にある第92条は，法体系の基本を規定したものです。**地方自治の本旨**の内容については細かく規定されていませんが，講学上，第92条に

続く第93条と第94条の内容がその要素だとされています。また「法律で定める」とある部分は地方自治法，地方財政法，地方公務員法，地方税法，地方交付税法などの法律で具体化されています。

> ### 憲法第93条
> 　地方公共団体には，法律の定めるところにより，その議事機関として議会を設置する。②公共団体の長，その議員及び法律の定めるそのほかの吏員は，その地方公共団体の住民が，直接これを選挙する。

　自治体のリーダーが住民の直接選挙で選ばれることを求めたこの部分は，地方自治の民主主義的要素（**住民自治**）を規定しているとされています。そしてこの住民自治という概念こそが，先の「地方自治の本旨」の1つの部分です。

　なお，直接選挙と対をなすのは間接選挙ですが，リーダーがこれで選ばれる典型例は，議院内閣制の下で国会議員から選ばれる内閣総理大臣です。

> ### 憲法第94条
> 　地方公共団体は，その財産を管理し，事務を処理し，及び行政を執行する権能を有し，法律の範囲内で条例を制定することができる。

　中央政府から独立した団体が自らの意思と責任で行政／立法をなしうる（団体の自治権を保証）とするこの部分は，地方自治の自由主義的／地方分権的（権力分散的）要素を規定しているとされ，先の地方自治の本旨の2つ目の要素（**団体自治**）とされています。

7－2．国と地方，都道府県と市町村の事務分担

　国と地方の事務分担を明確に規定しているのは，地方自治法第1条の二です。

国と地方の分担

①国が重点的に担う事務

・国際社会における国家存立にかかるもの（外交・防衛・通貨・司法など）

・全国統一的なものや地方自治関連の準則（公正取引や自治体組織など）

・全国的な視点が求められるもの（公的年金，基盤交通の整備など）

②地方公共団体が担う事務

・住民に身近なサービス

　さらに，国と地方の役割分担にあたって，利便性や効率性，自治体政策にあたっての自主性自立性などに配慮すべきだとし，この面での国の関与を少なくし，地方財源が拡充されるべきことを規定しています。

都道府県と市町村の分担

　地方自治法第2条⑧⑨⑩では，地方公共団体を都道府県と市町村とに分け，それぞれを**広域的な地方公共団体**，**基礎的な地方公共団体**としてそれぞれの事務分担を規定しています。

　都道府県（広域的な地方公共団体）が担う事務

・広域的なもの

・市町村に関する連絡調整が必要なもの

・規模や性質から市町村でない方が良いもの

　市町村（基礎的な地方公共団体）が担う事務

・地域における住民に身近なもの

・都道府県が処理するもの以外

・市町村の規模や能力によっては，本来都道府県が行う事務の一部

2つの事務

　同じ第2条では，地方公共団体の行政的任務を，自治事務と法定受託事務の2つに類型化しています。

①自治事務

　法定受託事務以外の，自治体の本来の事務

　・法令で義務づけられたもの（介護保険，児童・老人・障害者福祉など）

　・任意なもの（助成金，施設管理など）

　昨今の例では，コロナ対策特別定額給付金も，このカテゴリーに入ります。この事務にかんしては，国は協議のうえ是正の要求まではできるとされ，法定受託事務よりも国の関与は弱いとされています。

②法定受託事務

　適正処理の観点から法律や政令で処理を義務づけたもの

　・国がすべきものを都道府県や市町村が処理するもの（第1号法定受託事務）。

　　例えば，国政選挙，旅券交付，国の統計，国道管理，戸籍事務。また都道

図表66　国と地方との行政事務の分担

分野		公共資本	教育	福祉	その他
国		○高速自動車道 ○国道 ○一級河川	○大学 ○私学助成（大学）	○社会保険 ○医師等免許 ○医薬品許可免許	○防衛 ○外交 ○通貨
地方	都道府県	○国道（国管理以外） ○都道府県道 ○一級河川（国管理以外） ○二級河川 ○港湾 ○公営住宅 ○市街化区域，調整区域決定	○高等学校・特別支援学校 ○小・中学校教員の給与・人事 ○私学助成（幼～高） ○公立大学（特定の県）	○生活保護（町村の区域） ○児童福祉 ○保健所	○警察 ○職業訓練
	市町村	○都市計画等（用途地域，都市施設） ○市町村道 ○準用河川 ○港湾 ○公営住宅 ○下水道	○小・中学校 ○幼稚園	○生活保護（市の区域） ○児童福祉 ○国民健康保険 ○介護保険 ○上水道 ○ごみ・し尿処理 ○保健所（特定の市）	○戸籍 ○住民基本台帳 ○消防

出所：財務省ホームページ。

府県がすべきものを市町村が処理するもの（第2号法定受託事務）。例えば，県議会や県知事の選挙など。

この事務にかんしては，国に包括的な指揮監督権があるとされます。国の関与は強く，協議のうえ是正指示，そして代執行まで行えることになっています。

実際の事務分担は，例えば図表66のようになっています。

シャウプ勧告と地方自治

我が国の事務分担の基本方針については，歴史的には昭和24年（1949年）のシャウプ勧告の影響が大きかったとされています。

1949年5月から4ヵ月にわたってGHQの使節団として日本に滞在したC.シャウプ（1902 – 2000）らは，大蔵省（現在の財務省）の職員，自治体の財務担当者や学者，あるいは全国視察によって実情を詳細に把握し，これをもとに戦後日本の税制の路線を規定するシャウプ税制勧告を出しました。使節団の中には，のちにノーベル経済学賞を受賞する会計の専門家W. ヴィックリー（1914 – 1996）も含まれています。

シャウプ勧告は，恒久的・安定的な税制を確立し，直接税を中心とした近代的税制をつくりあげたという税制勧告面に注目が集まりがちですが，民主主義の基礎となる地方自治の強化を重視していました。今日の消費税の原型となる付加価値税を事業税に代わる地方税として提案したり（立法まで行われたが，ついに実施されなかった），国と地方の財政調整を図る平衡交付金制度（現在は地方交付税制度に変容）を提案して，地方自治体の財政力向上につなげようとしていました。

事務分担については，**行政責任明確化，能率の原則，市町村優先の原則**を3原則として提起しています。

シャウプ勧告の地方自治重視路線にも関わらず，現実には国の関与が継続してしまったのですが，それに至った背景としては，①地方税収が不充分で国の財政援助が必要だったこと，②工場誘致型の地域開発が行われ，国の援助に基

づく公共事業依存体質になっていったこと，③ナショナル・ミニマム的（全国どこでも同じ水準になるような）な福祉国家的政策が求められたこと，などが指摘されています。

7－3．地方公共団体の類型

　前項で，市町村を基礎的自治体とし，都道府県を広域的自治体と区分しましたが，この2つを合わせたものが，2層からなる**普通地方公共団体**です。

都道府県

　地方自治法上，道府県は同じ扱いとされますが，道には法律の特例などによって府県とは異なる部分があります。都については，以下で説明します。

市町村

　市は，地方自治法に要件が示され，さらに県の条例などによって都市的施設などについての要件が加わります。町にも都道府県で要件が定められていますが，村にはそのような要件はありません。

すこし
寄り道 **⑫　市の要件**

地方自治法第8条は，以下のように市の要件を示しています

・人口

　人口5万人以上（合併特例では3万人以上）。

・中心市街地

　全戸数の6割以上が中心市街地にある

・都市的業態

　商工業その他都市的業態（≒農林水産以外）の従事者やその世帯に所属する人数が全住民の6割程度以上を占める

また都道府県が追加する要件の例として，例えば埼玉県は，以下のような要件を規定しています。

都市的施設，その他都市としての要件の例

・相当数の官公署

・高等学校がある

・図書館，博物館などの文化施設

・上下水道，ゴミ処理施設

・鉄道，バスなど交通施設

・都市計画事業，主要幹線道路の舗装

・銀行，会社，工場，病院

・充分な財政規模，担税力

・将来の都市的発展の見込み　　など（一部を抜粋）

普通地方公共団体と対になる概念が**特別地方公共団体**で，以下の 3 つのカテゴリーからなります。

①特別区

東京の 23 区のことで，基本的には市町村と同じ役割を担いますが，大都市行政の一体性を重視して，市町村の役割であった事務の一部を都が担うような相違がいくつかあります。

②地方公共団体の組合

広域的／総合的処理を目的とした**広域連合**（後期高齢者医療など）と，ゴミ処理，消防，下水道，斎場などの共同処理を目的とした**一部事務組合**などが含まれます。2021 年 1 月現在で埼玉県内で約 50，東京都内に約 30，全国に1,600 ほどの組合があります。

③財産区

　明治や昭和に行われた市町村合併の過程で、合併先の自治体に引き継がれず
に維持管理されているもの。山林、ため池、墓地、温泉地など共有地的なも
のなど、全国400ほどの市町村に4,000ほどの財産区があります。財産区に
よっては、大都市の中心市街地の不動産から多額の賃料などをあげられる財
政的に豊かなところもあります。

東京都と特別区

　2020年秋にいわゆる大阪都構想について住民投票が行われ、接戦のうえ否
決されました。しかし、これを機会に「都」と「特別区」の関係性に広く注目
が集まりました。

　特別区が誕生したのは昭和22年。従来からの都の業務の多くは都に引き継
がれ、区長が公選で選ばれるなど、特別区は基礎的自治体である市に準ずる位
置付けでした。その後、昭和27年に区議会が区長を選任するように改められ
ると、地方公共団体の長の公選を規定した**憲法第93条**に照らして、「区は地
方公共団体であるのか」といった議論も生じました。また特別区の事務が削減
されたことも合わせ、区の自治権が制限されたに見える時期もありました。し
かし昭和50年には区長公選制に復帰し、また平成12年に特別区に事務移譲が
なされるなど、再び区の自主性は高まりつつあるようです。

　さて、「市に準ずる」とはいうものの、事務の分担や税制、財政調整制度、
職員採用などいくつかの点で違いがあります。

　まず「大都市地域における行政の一体性及び統一性の確保の観点（地方自治
法第28条の2）」などから、市町村が行っている事務の一部を都が所管してい
ます。例えば、通常は市が所管する上水道や消防を（東京都下の市町村も含め）、
それぞれ都水道局や東京消防庁が所管し、また都市計画も都が担当します。ま
た市町村税の一部（市町村民税法人分、固定資産税、事業所税、都市計画税）が都
税として徴収され、このうちの一部は、地方自治法上の都区財政調整制度に
従って、各区に配分されます。さらに市町村の重要な財源の1つである地方交

付税は，都と特別区が合算されて算定されます。

　一方，通常は道府県（または政令指定都市）に任されている保健所の設置運営は，都ではなく区に任されています。

　ところで区という呼び名です。次に述べる政令指定都市にも区があります。名称は同じですが東京都の特別区とは異なり，市長の権限を分掌する役割を担う内部組織とされ，**行政区**とよばれています。行政区の区長は公選ではなく，市長が任免する職員です。

すこし
寄り道 ⑬　**大阪都構想**

　2012 年に大都市地域における特別区の設置に関する法律が成立し，東京都以外の道府県区域内において，市町村を廃止して特別区に移行することができるようになりました。大阪府と大阪市が，これに基づいて特別区設置に関する協議会を設置するなどしたものの，2020 年 11 月の住民投票で反対多数となり，協議会も廃止されました。これら一連の動きは一般に「都構想」とよばれていますが，大阪に 4 つの特別区を導入する点が重要だとして，大阪市のホームページでは「特別区構想（いわゆる大阪都構想）」とのタイトルで説明されていました。とはいえ特別区の権限や財政調整のあり方など、現状の東京都におけるものとまったく同じ特別区制度を目指していたというわけではなかったようです。

大都市にかんする特例

　大都市にかんする特例として，人口 50 万人以上の市で政令により指定した**政令指定都市**，平成 7 年からは人口 20 万人以上の市で政令により指定された**中核市**がおかれています（地方自治法第 252 条）。

　政令指定都市は人口 370 万人の横浜市から人口 70 万人の静岡市まで，全国に 20 あり，それらの人口を合わせると約 2,700 万人と，日本の全人口の 2 割

を超えています。大阪都構想で有名な大阪市も，政令指定都市の1つです。政令指定都市は，都道府県が処理する児童／障害者福祉，保健所の設置運営，生活保護，都市計画道路，教職員任免などを行うことができます。

　中核市は人口80万人を超える堺市から人口19万人強の鳥取市，甲府市まで，令和2年4月に追加された水戸市，吹田市を含め全国60都市が指定されています。政令指定都市が処理する事務のうち，養護老人ホーム設置認可・監督，都市計画，保健所の設置，環境騒音規制などを処理できることになっています（図表67）。

　なお権限の委譲に合わせて，権限に見合う充分な財源が移転されたのでしょうか。政令指定都市，中核市とも地方揮発油譲与税の増額（政令指定都市のみ），宝くじの発売（政令指定都市のみ），地方交付税の増額などがあるものの，充分な財源措置とは言えないとの指摘があります。

　人口や企業が多い政令市は財政的にも豊かに思われがちではありますが，急

図表67　地方公共団体が担う主な事務

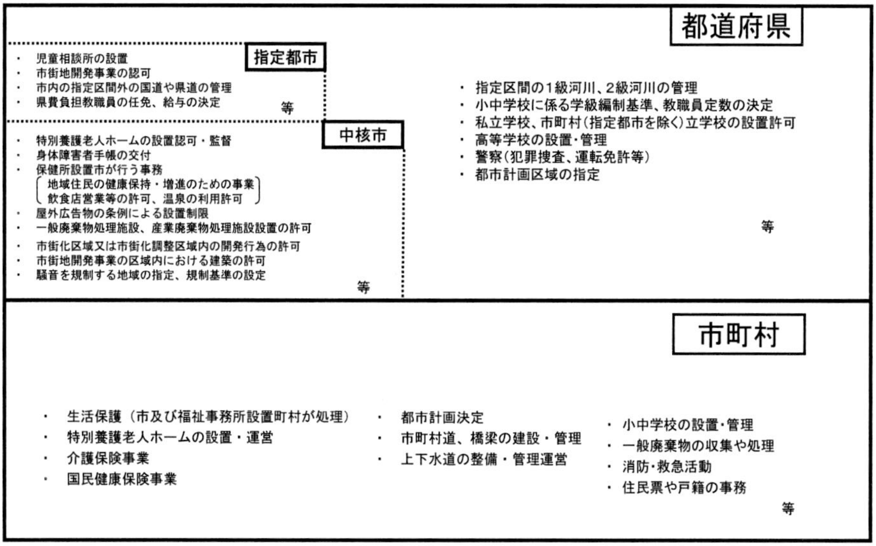

出所：総務省ホームページ。

速な高齢化やインフラの老朽化，そして新型コロナ対策と，ある意味では将来，全国各地で起こり得る課題が早期に集中的に発生しているとされています。財政面も厳しく，例えば地方交付税不交付団体は川崎市のみ（2020年4月段階）です。このような背景で，大都市に合わせた税財政制度の構築を求める動きもあります。

地方公共団体の数と広域行政

　令和3年1月26日現在，市町村は全国に合計1,718（792市743町183村）あります。この数値は明治，昭和，平成の三度にわたる大合併の末の数字です。

　最初の**明治の大合併**においては，小学校や土木，行政，戸籍などさまざまな整備を急ピッチに進めるねらいで，明治21年に71,314あった市町村が，明治22年には4分の1近く（15,859市町村）にまでまとめられました。大日本帝国憲法ができる直前のことです。**昭和の大合併**は，終戦後，新制中学の整備や消防・警察の整備を進めるために行われ，昭和28年に9,868あった市町村が昭和36年には3,472市町村と約3分の1に減少しました。

　そして直近の**平成の大合併**は，人口減少や少子高齢化という社会環境の下，地方分権一括法により拡大した地方分権の担い手にふさわしい行政基盤を確立するため行われました。平成11年度末に3,232あった市町村がほぼ半減しています。

　市町村合併が進むことで行政面積が広がり，その意味では基礎的自治体レベルでの広域行政化が進むことになりました。

　一方，広域的自治体のさらなる広域行政への道のりはどうでしょう。

　昭和32年（1957年）の第4次地方制度審議会で，都道府県を廃止して7から9の「地方」を設置し，公選の議会や総理任命による地方長を置くといった大胆な構想が明らかになりました。その後，半世紀を経て，小泉純一郎内閣時代の第27次地方制度審議会（平成15年，2003年）では，都道府県合併や，国からの権限委譲にとどまらない自治制度の大きな変革として**道州制**が提案され，第28次地方制度審議会（平成18年，2006年）では，「道州制のあり方についての答申」，2020年には道州制ビジョン懇談会（平成19年，2007年発足）の

中間報告が出されています。

7－4．統治の組織

　地方公共団体の統治の仕組みとして，首長，議会 / 議員，行政委員会，職員について説明しましょう。

地方公共団体の長

　都道府県知事や市町村長は地方公共団体を総括する代表者であり，憲法上は執行機関とされています。他の執行機関を総合的に統一，調整する立場でもあります。

　憲法第 93 条は，地方公共団体の長や議員は住民の**直接選挙**によることを規定しています。

憲法第 93 条
　地方公共団体には，法律の定めるところにより，その議事機関として議会を設置する。地方公共団体の長，その議会の議員及び法律の定めるその他の吏員は，その地方公共団体の住民が，直接にこれを選挙する。

　また，地方自治法（第 149 条）は，普通地方公共団体の長が行う事務の例を次のように列挙しています。

　1　普通地方公共団体の議会の議決を経べき事件につきその議案を提出する
　2　予算を調製し，及びこれを執行する
　3　地方税賦課徴収
　4　決算を普通地方公共団体の議会の認定に付する
　そのほか会計の監督，財産の取得管理処分，公文書類保管など

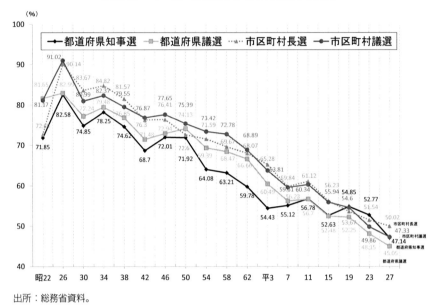

図表 68 - 1　統一地方選挙における投票率の推移

出所：総務省資料。

　議案提出は議員にも認められていますが，財政学的に重要なのは，予算編成は地方公共団体の長だけが行える専管事項だということです。また憲法第 93 条は，自治体の長も議員も直接選挙で選ばれることを規定しており，これは**二元代表制**とよばれています。双方の立場は独立 / 対等であり，議会は長に対して不信任の議決を出せる一方，長は議会を解散する権限を持っています。

議会 / 議員

　憲法上，議会は議事機関とされています。先に述べたように，議員は首長と同様に住民の直接選挙による二元代表制をとっていて，本来的には首長と平等です。条例についての**議員提案**はできるのですが，実際の提案数はわずかだという指摘もあります。また予算の提案はできないものの，提案が適切でないと判断すれば拒否することはできます。

　地方議会の議員については，住民の関心の薄さから選挙の投票率が低下し，

図表 68 － 2　統一地方選挙における改選定数に占める無投票当選者数の割合の推移

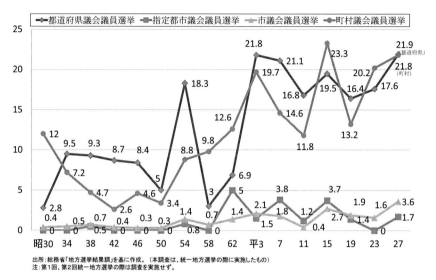

出所：総務省「地方選挙結果調」を基に作成。（本調査は、統一地方選挙の際に実施したもの）
注：第1回、第2回統一地方選挙の際は調査を実施せず。

出所：総務省資料。

また候補者が少なく無投票当選者が増えているなど解決すべき課題があります（図表 68 － 1，68 － 2）。

行政委員会

　行政委員会は，地方公共団体の長への権限集中を防ぎ，**政治的中立性**や**公平性**を保つために，首長からは独立して設置される執行機関です。その委員は非常勤地方公務員，特別職という立場です。首長に委員の任免権があり，議会の同意を得て選任されます。規則を制定することができますが，予算を編成したり執行したり，議案を提出する権限はありません。

　具体的には，教育委員会，選挙管理委員会，人事委員会，監査委員会，公安委員会，労働委員会などがあります。

　教育委員会については，戦後，教育の民主化を具現化する形で委員の直接選挙が行われていましたが，1956 年からは首長による任命制に変わりました。

職　員

　行政実務を担当する職員は，首長によって任命されます。首長，議員，行政委員会委員などは特別職の地方公務員（原則として地方公務員法が適用されない）ですが，一般行政職員や教育・消防などに携わる職員は一般職の地方公務員（地方公務員法が適用される）です。

　憲法第15条に公務員の規定があります。

憲法第15条
　公務員を選定し，及びこれを罷免することは，国民固有の権利である。
　○2　すべて公務員は，全体の奉仕者であつて，一部の奉仕者ではない。

　「住民全体の奉仕者」の規定は，特定の政党や階級，階層の利益のために働いてはならないという趣旨です。

　また，公務員には職務専念の義務があり，政治行為が禁止されたり労働三権（団結権，団体交渉権，争議権）が制限される一方，政治目的で解雇されることはないなどの身分保障があります。

　給与水準については，人事委員会勧告に基づき，民間給与実態調査や国家公務員給与を勘案しながら決められます。

７－５．地方政府の経済的機能

　政府の機能（期待される役割）を，第3章ではマスグレイブにならって，市場では適切には処理できない3側面を政府が補うという視点から説明しました。すなわち，手持ちの資源を公共部門に割りあてる資源配分機能（公共財の提供），所得再分配機能，経済の安定成長機能です。これらの機能に地方公共団体の経済的機能という側面から光をあてると，あるところでは地方政府こそが充分に力を発揮し，あるところではそれほどでもないというような違いがあり，地方政府にとってどの機能がより重要かという視点が浮かびあがってきます。

資源配分機能

　公共財の便益は直接の費用負担者だけでなく，そこから広がり**スピル・オー
バー**（漏出）する性質があります。第2章で説明した，効率性を重視する経済
理論的側面からみると，もし便益のスピル・オーバーがあって，費用負担をし
なくとも自らに便益が及ぶとわかれば，合理的な意思決定者は公共財に対して
正直な評価を表明しなくなるし，結果的に公共財の供給過少につながる（効率
的でない資源配分となる）ことになります。

　これを防ぎ，効率的な公共財供給量を確保するには，便益が及ぶ範囲の住民
が意思決定する**受益者負担**の仕組みを，その受益の範囲に応じて作り上げるこ
とが望まれます。

　公共財がもたらす便益の広がりに注目すると，以下のような3つの公共財カ
テゴリーに分類することができます。

国家的公共財

　国全体の命運を担う外交や国防，一国内の多くの地域を経済的に結びつける
ような陸海空の交通基盤の整備は，それらの便益が一国全体に広がる点をとら
えて国家的公共財とよばれます。国家的公共財の意思決定は一国全体の代表者
による国会の場でなされることが，効率的な意思決定の視点から求められます。

国際的公共財

　公共財によっては，国境を越えるような便益をもたらすものがあります。国
際貿易港や国際航空路線の整備は，当該国のみならず，航路でつながった国々
の交易に便益をもたらします。大規模感染症に対する対策措置も典型的な例
でしょう。ある国でのしっかりとした対策やワクチン開発促進政策が他国での
感染防止にも役立つ点は，近年の新型コロナウィルスで経験しているところで
す。

　国際的公共財の意思決定には，国家の集まりである国際機関で行うのが効率
的視点から望ましく，感染症対策でしばしば言及されるWHO（世界保健機関）

もその１つです。

地方（地域的）公共財

　以上のような例と比較して，その便益が地域的に限定されるような公共財を地方（地域的）公共財とよびます。治水事業は流域の複数自治体に便益をもたらしますし，灌漑事業や小規模な公園設置はもう少し狭い地域の人々に便益をもたらしそうです。

　便益の及ぼされる地域が狭い地方公共財の意思決定の場として，**地方議会**が位置づけられます。例えば，小規模な公園であれば，市町村議会ということになりますが，複数の自治体に便益をもたらす治水事業のように，より広域的な意識決定の場が適切な場合もあります。これに対応するのが，自治体の組合，あるいは広域的自治体である都道府県であったりします。これがいわゆる**広域行政**の仕組みです。

　都道府県域を超えたスピル・オーバーがある場合には，国，広域連合のようなメカニズム，ないし先に言及された道州制というメカニズムに任されることになります。

　地方交付税のような全国的財源調整制度の仕組みは，都道府県を超えた（超広域的）スピル・オーバーがある公共財のための財源確保という側面もあります。

　便益の及ぶ範囲の住民による意思決定こそが，地方自治の経済学的解釈だとされ，したがって資源配分機能は地方政府が担うべき最重要機能だと考えられています。

　なお，経済学的に定義された公共財とは別に，マスグレイブは「財を提供することに価値がある」と判断された財サービスがあるとし，これを**価値財**とよんでいます。価値財においては，判断した主体が費用負担することで効率性が生まれます。国が「価値あり」と判断した際に**ナショナル・ミニマム**とよび，国が財源保障をします。国の判断を超えて，地方公共団体が「価値あり」と判断した時には**シビル・ミニマム**とよび，国が決定した部分を超過した部分を地

方自治体住民が負担をします。

　シビル・ミニマムの例はさまざまにありますが，例えば独自の公害規制のようなものから，高齢者や若年層に対する交通費や医療費の軽減措置，近年では地域の交通弱者のためのオン・ディマンド型交通システムなどが自治体によって提案されたりしています。

　なお，ナショナル・ミニマムの規定については，憲法第25条の**生存権**の規定がこれにあたるとされています。

> 憲法第25条
>
> 　全て国民は，健康で文化的な最低限度の生活を営む権利を有する。国は，すべての生活部面について，社会福祉，社会保障及び公衆衛生の向上及び増進に努めなければならない。

所得再分配機能

　憲法第25条で規定されている生存権は，財政の2番目の機能，所得再分配機能とも強い関わりがあります。

　出発点から不平等であったり，本人に起因しないアクシデントで生活困窮に追い込まれたり，そのようにして生じた格差が固定的であったり。このような状況をただすことが公正だとされても，市場にはこれをただす力はなく，政治的決定により調整されることになります。

　誰しも健康を害したり貧困に陥ったりする危険は避けたいでしょうが，そのアクシデントが実際にその人に生ずるかはっきりせず，適切に備えるのは困難です。安全思考の人は過大に備えるでしょうし，そういった危険を気にしない人もいます。しかし，人数を多く集めると，そのようなアクシデントに出会う人は一定の確率で発生するので，その確率に合わせて費用を算段するなど，適切に備えやすくなります。

　このように大きな数にまとまれば，起こる事象が確率的に見えてくる状況を**大数の原理**とよびます。この考え方にしたがえば，リスクに備える社会保障や

　所得再分配の政策は，できるだけ大きな規模で行うのが望ましく，その意味では地方公共団体よりも，国の任務に任せる面が多くなります。

　また最低限の生活保障水準は，地域ごとにバラバラではなく全国的に統一された方が望ましいとすれば，これもまた国の任務とすべき理由となります。

　具体的な再分配施策としては，所得税の累進構造による同一世代間や相続税による世代を超える所得再分配といった税制による方法は国が担っています。児童手当や失業手当といった現金給付，そのほかさまざまな社会保障政策も実施されています。

　「最後のセイフティ・ネット（安全網）」としての生活保護もその1つですが，国の法律である生活保護法によった施策は，地方公共団体が窓口になって執行される仕組みになっています。例えば，生活保護基準額の設定は厚生労働大臣が行い，執行の責任は都道府県知事や市町村長が負うことになります。保護の開始／変更／停止などは法定受託事務として地方公共団体で行われ，相談そのほかは自治事務として行われています。財源面では，国が国庫支出金や地方交付税を通して費用の半分から4分の3を負担しています。

　他に教育の充実や職業訓練のような形の自立支援政策，あるいは医療体制の充実という形で，社会保障や所得再分配機能の実をあげることもあります。この場合には「公共財の提供」という第1の機能との関わりも出てきます。

　また，地域ごとに所得再分配政策が異なる場合，積極的に再分配を進める地域に低所得者層が集中しスラム化する一方で，当該地域から高所得者層が出ていってしまう，いわゆる**足による投票**が行われてしまう可能性があります。

　そうなった場合，ニーズはあっても財源がないということになり，政策的には失敗となってしまう恐れがあります。しかしまったく反対に，低所得者層の状況改善は全体として住環境の改善をもたらし，（高所得者を含む）地域の住民の満足度上昇につながるという見方もあり，また住民移動が所得再分配政策以外の要素で決まってしまう可能性もあります。「足による投票」が我が国でどのようなときに説得的であるかには，慎重な判断が必要なようです。

経済の安定成長機能

　インフレーションや不況など，市場に任せていては避けられない景気変動の
波。これを，政府の裁量的な予算政策すなわち財政政策（フィスカル・ポリ
シー），ないし社会保障のように制度にあらかじめ組み入れられていたものが
結果的に経済安定に資することになるという自動安定化装置（ビルトイン・ス
タビライザ）」，この2通りの筋道によって緩和しようとするのが，財政に期待
される第3の役割，経済の安定成長機能です。

　第2章で説明した通り，より大規模に経済安定に切り込めるのは，予算の変
更によって膨大な資金を投入できる財政政策（フィスカル・ポリシー）でした。
その意味では，財源に限界がある地方政府が果たすことができる範囲は限定的
になります。

　とはいえ，実際の地方政府の政策は国の景気対策に影響され，国の補助で経
済安定のための策が講じられることもあります。

　なお，公共施設の新増設などに充てられる地方公共団体の支出である普通建
設事業費は，国の補助なしで行われる単独事業，国から負担金や補助金を受け
て実施される補助事業，そして国が直轄するが地方も負担する直轄事業に分け

図表69　中央政府と地方政府　性格の違い

地方政府は資源分配機能重視で　補完性の原理

政府の機能	国 入退出▶少ない 人口規模大きい	地方 住民移動の可能性あり 足による投票 ティブー
経済安定	予算 増減税 金融政策　大規模実施	規模 財サービスの流動性 ▶ 効果限定的
所得分配	全国統一的　大数の原理 公的年金制度	軽負担高便益へ住民移動？ ▶ 財源問題
資源配分●	便益国民全体向け担当 全国的視野が必要なもの 骨格的交通基盤	便益地域限定的なもの担当 地方公共財 住民選好にあわせ易い 受益負担関係意識容易

出所：筆者作成。

られます。補助事業の財源の約半分は，国庫支出金からあてられています。

　これらが経済安定のために活用されることがあります。

　規模の点以外でも，地方公共団体の経済の成長・安定機能には課題があります。地方公共団体が総需要喚起策をして財政支出を拡大しても，人や物，お金が域外に移動することで，域外での消費が増えたり域外での雇用が生じたりして，域内での乗数効果が低下してしまう点です。グローバル経済下における経済安定機能の限界と同様な事態が生ずる可能性があるわけです（図表69）。

第8章

地方政府の歳入と歳出

　本章では，地方政府の予算の仕組み，歳入や歳出の区分について概説します。これらの知識は，健全な地方財政への予備知識を提供してくれるはずです。

8-1. 会計区分と歳出構造

会計区分

　地方公共団体の会計は，地方自治法によって**一般会計**と**特別会計**とに区分されています。

一般会計

　福祉・教育・土木・衛生など，地方公共団体の中心的な事業に関わる歳入と歳出を扱うものです。

特別会計

　一般会計とは別に，特定の歳入をもって特定の歳出にあてる必要がある場合に，地方公共団体ごとの条例によって設置されています。国民健康保険会計や介護保険事業会計のように法律で設置を義務づけられている会計もあり，交通災害共済事業や土地区画整理事業の会計のように自治体の判断で設置されているものもあります。

　競輪／競馬などの収益事業会計，あるいは病院，上下水道，市場，観光施設

のように料金収入を主な財源とする公営企業会計も特別会計に含まれます。

このように，特別会計の中には一般行政活動に関わるものもあれば，企業活動的なものもあります。

特別会計においては，地方公共団体ごとの差異が大きく画一性を欠くため，地方公共団体の全体像を見たり，地方公共団体間で比較検討したりしにくい面もあります。そこで決算会計上は便宜的に，**普通会計**と**公営事業会計**という地方自治法とは若干異なった区分が用いられます。

普通会計

一般会計に，公営事業会計に含まれない特別会計（中小企業近代化貸付金，公営住宅事業，公共用地先行取得の各特別会計など）を加えたもの。

公営事業会計

独立採算制を基本とする企業的活動についての会計。

収益事業会計（競輪・競馬など），公営企業会計（上下水道，病院，電気ガス，交通事業など），国民健康保険事業，介護保険事業などの会計からなる。

さて，上記の普通会計で我が国の地方公共団体歳出の全体像を確認しましょう。

まず決算の歳出規模は，都道府県で約50兆円，市町村で約56兆円です。都道府県分と市町村分を合計するときには，都道府県から市町村に移転され，最終的に市町村で支出される県支出金（児童保護費，障がい者自立支援給付費など）や地方消費税の清算などのように重複勘定がある点に注意が必要です。この重複勘定を考慮しない単純な合計を**総計**とよび，重複分を差し引いた値は**純計**とよびます。この関係は国の一般会計と特別会計の間にもあります。近年の地方公共団体の財政規模の純計は100兆円前後で推移しています。

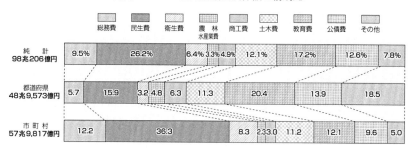

図表70 - 1　目的別歳出決算額の構成比

出所：総務省『地方財政白書　令和2年3月』。

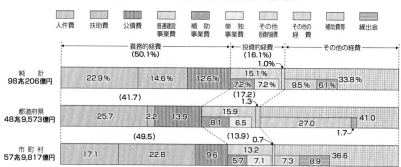

図表70 - 2　性質別歳出決算額の構成比

出所：総務省『地方財政白書　令和2年3月』。

歳出の分類

　歳出の詳細は，ふた通りの仕方で確認できます。1つは行政目的に合わせて分類され，公共部門の政策的重点がどこにあるかをチェックしやすい**目的別分類**です。もう1つは，義務的な経費が固定化して政策決定の自由度を奪わないかどうか，将来の発展のための投資的要素があるかどうかという経済的性質に着目して分類され，財政の弾力性など財務管理の健全さをチェックしやすい**性質別分類**です。

　目的別分類によった図表70 - 1を見ると，都道府県では教育費が最大の割合（約20％）となっています。これは，（政令指定都市を除く）市町村立の義務

教育学校の教職員人件費を都道府県が負担していることによります。市町村においては，民生費が最大の歳出項目になっています（約36％）。これは，市町村においては社会福祉事務（児童福祉，生活保護など）の比重が大きいことを物語っています。

次に性質別分類によった図表70－2を見ると，都道府県，市町村とも人件費，普通建設事業費および補助事業費，そして公債費が多い点に共通点を見つけられます。

その中でも人件費に関しては，都道府県での割合が高いことが目立ちます。住民に近い存在である市町村は，扶助費の割合が高いのが目立ちます。

まず人件費，扶助費，公債費について，簡単に見ていきましょう。

これらはすべて義務的経費に分類され，あわせると歳出決算総額の4割から5割を占めています。義務的経費は一度発生すると削減が難しく，その時々に必要な政策が財政的に実現しにくくなる**財政硬直化**につながりかねないという問題をはらんでいます。

義務的経費　人件費

人件費の総額は，職員の数と給与水準とで決まってきます。高度成長期の人口増に合わせて一気に職員数を増加させたため，職員の高齢化が進むとともに，年功序列の賃金体系の影響を受けてきた面もありました。

令和2年4月現在の地方公務員（普通会計分）は約240万人。そのうち民生・衛生を含む一般行政関係で約93万人（全体の4割弱），教育関係で約103万人（全体の4割強），警察・消防で45万人（全体の約2割）という内訳です。他に，公営企業などの会計部門に属する35万人ほどの職員がいます。地方公務員の数は全体としては減少傾向にありましたが，警察・消防関係の職員数は若干増加傾向にあり，全体としても近年，増加の傾向があります（図表71）。

また地方公共団体の給与水準にかんして，すべての地方公共団体の一般行政職の給与月額を，学歴や経験年数の補正をした上で，国の行政職職員の俸給月額を100として計算した指数があり，これを**ラスパイレス指数**とよびます。こ

図表 71　地方公共団体の総職員数の推移（昭和 40 年～令和 2 年）

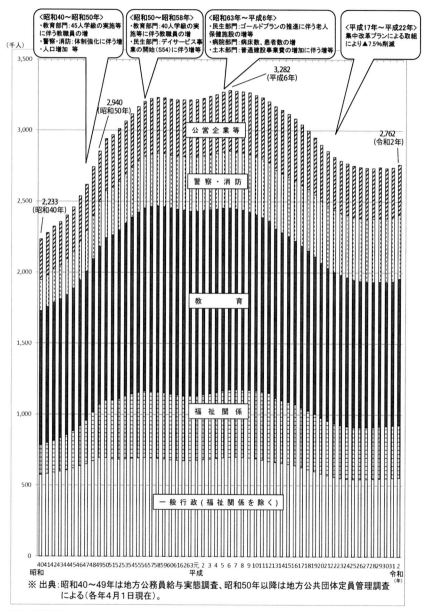

〈昭和40～昭和50年〉
・教育部門：45人学級の実施等に伴う教職員の増
・警察・消防：体制強化に伴う増
・人口増加　等

〈昭和50～昭和58年〉
・教育部門：40人学級の実施等に伴う教職員の増
・民生部門：デイサービス事業の開始(S54)に伴う増等

〈昭和63年～平成6年〉
・民生部門：ゴールドプランの推進に伴う老人保健施設の増
・病院部門：病床数、患者数の増
・土木部門：普通建設事業費の増加に伴う増等

〈平成17年～平成22年〉
集中改革プランによる取組により▲7.5%削減

（千人）

3,282
（平成6年）

2,940
（昭和50年）

公 営 企 業 等

2,762
（令和2年）

警 察 ・ 消 防

2,233
（昭和40年）

教　　　育

福 祉 関 係

一 般 行 政（ 福 祉 関 係 を 除 く ）

40 41 42 43 44 45 46 47 48 49 50 51 52 53 54 55 56 57 58 59 60 61 62 63元 2 3 4 5 6 7 8 9 10 11 12 13 14 15 16 17 18 19 20 21 22 23 24 25 26 27 28 29 30 31 2
昭和　　　　　　　　　　　　　　　　　　　　　　　　　　　　　　　平成　　　　　　　　　　　　　　　　　　　　　　　　　　　令和
（年）

※ 出典：昭和40～49年は地方公務員給与実態調査、昭和50年以降は地方公共団体定員管理調査による（各年4月1日現在）。

出所：総務省ホームページ。

図表72　ラスパイレス指数

（1）団体区分別ラスパイレス指数（一般行政職）

区　分	S 49.4.1	H 12.4.1	H 22.4.1	H 31.4.1	R2.4.1	増　　減	
						S49→R2	H31→R2
全地方公共団体平均	110.6	100.7	98.8	99.1	99.1	△ 11.5	0.0
都道府県	111.3	101.9	98.9	99.8	100.0	△ 11.3	0.2
指定都市	116.1	104.1	101.5	99.9	99.9	△ 16.2	0.0
市	113.8	101.7	98.8	98.9	98.9	△ 14.9	0.0
町　村	99.2	96.2	95.1	96.3	96.4	△ 2.8	0.1
特　別　区	−	102.6	100.8	99.8	99.1	−	△ 0.7

※1　S49.4.1の全地方公共団体平均（110.6）は、過去最高値。
※2　S49.4.1現在の全地方公共団体平均は、特別区を含んでいない。

（2）団体区分別ラスパイレス指数の分布状況（一般行政職）R 2.4.1 現在（団体数）

区　分		都道府県	指定都市	市	町村	特別区
105以上		0 (0.0%)	0 (0.0%)	0 (0.0%)	0 (0.0%)	0 (0.0%)
100以上105未満		21 (44.7%)	14 (70.0%)	185 (24.0%)	44 (4.8%)	3 (13.0%)
100未満		26 (55.3%)	6 (30.0%)	587 (76.0%)	882 (95.2%)	20 (87.0%)
内訳	95以上100未満	26 (55.3%)	6 (30.0%)	539 (69.8%)	593 (64.0%)	20 (87.0%)
	90以上95未満	0 (0.0%)	0 (0.0%)	47 (6.1%)	259 (28.0%)	0 (0.0%)
	90未満	0 (0.0%)	0 (0.0%)	1 (0.1%)	30 (3.2%)	0 (0.0%)
合　計		47 (100.0%)	20 (100.0%)	772 (100.0%)	926 (100.0%)	23 (100.0%)

出所：総務省ホームページ。

　れによって，地方公共団体間，あるいは国家公務員と給与水準の比較がしやすくなり，人件費節減への指標の1つになっています。

　図表72は，総務省が発表した団体区分ごとのラスパイレス指数（令和2年4月）です。都道府県や指定都市のラスパイレス指数が比較的高く，町村のそれはやや低いなどの特徴はありますが，国家公務員との給与比較が論争になっていた昭和40年代末とは様変わりで，ほとんどの場合，95から105の間に収まっています。

図表73　扶助費の目的別内訳の推移

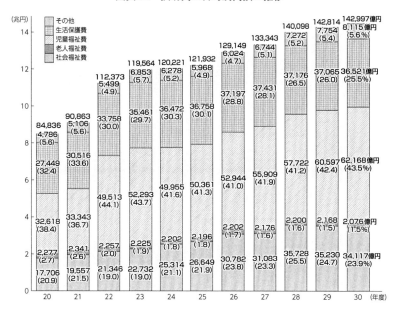

出所：総務省『地方財政白書　令和2年3月』。

義務的経費　扶助費

　社会保障に必要な支出が扶助費のカテゴリーに入ります。内訳としては，生活保護に全体の2割5分，約4割が児童福祉，2割強が社会福祉に，それぞれ支出されています（図表73）。扶助費のうちに国の法律で支出が義務付けられた部分があり，扶助総額の約半分は国庫支出金として補助されています。地方公共団体が独自に行う単独扶助を適切にコントロールすることが期待されています。

義務的経費　公債費

　地方債などの償還（全体の9割），地方債の利子（全体の約1割），そして一時金利子の支払いにあてられる経費が公債費です。公債費総額，公債費総額の歳出総額に占める割合とも近年，若干低下する傾向にあります。

投資的経費

　投資的経費とは，施設などストックとして将来に残るような社会資本に対する支出をさします。地方分権が進められている環境のもと，地方自治体は社会資本の整備にも積極的に取り組むことが求められています。なお投資的経費には，ここでは詳説しない災害復旧事業費（近年多発している豪雨による道路損傷の復旧など），失業対策事業費も含まれます。

　投資的経費の財源が借金（地方債）で賄われたり，管理維持費の継続を考慮すると，投資的経費の増加は将来の負担増をもたらします。社会資本の整備は，人口や社会経済の変化も考慮に入れた計画性を持って適切な水準で行うことはもちろん，入札方法の検討，人口減や老朽化に対応した転用や統合，あるいは廃止も含めた総合的な視点から改革が求められています。

図表74　普通建設事業費の目的別（補助・単独）の状況

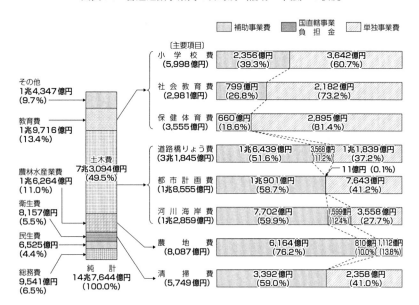

出所：総務省『地方財政白書　令和2年3月』。

投資的経費　普通建設事業費

　性質別分類において投資的経費に区分されるものの代表として，普通建設事業についてみてみましょう。

　建設事業と聞くと，道路や橋の新設／改良，河川整備を思い浮かべます。しかし図表 74 を見るとわかる通り，狭い意味の土木だけでなく，小学校の校舎新設や美術館のような教育に関わるもの，農業試験場のような農林水産に関わるもの，清掃など衛生に関わるものなど幅広い目的に充てられています。

　図表 74 では，普通建設事業費が補助事業費，国直轄事業負担金，単独事業費に分けられています。費目によっては，国から補助金が出るものがあるということです。

　国が直轄で管理している国道の新設や改築は，**国直轄事業**の一例です。この場合に，国が事業費の 3 分の 1 を負担し，その残りと維持管理費とを，地方公共団体が負担するという受益者負担の仕組みです。図にはその負担金部分が示されています。地方公共団体側の負担については，透明性などの点で改善の余地があるとして，地方公共団体が是正を求めています。

　補助事業は，国からの国庫補助負担金を受けながら，地方自治体が主体となって行う事業です。その国庫支出金の割合は，補助事業費総額の 48％ ほどです。補助事業は，国の予算動向によって左右されますし，国の指導を受けることにもなります。バブル崩壊後平成 4 年頃からの数年間が典型ですが，国の経済対策に合わせて拡大されてきた経緯もありました。

　最後の**単独事業費**ですが，地方公共団体が国からの補助を受けずに，独自の経費で自主的に行う事業にかかる費用です。県や市町村の庁舎，都道府県道や市町村道の整備事業などが相当します。この事業の財源は，地方税などの一般財源と地方債が半々程度となっています。補助事業においても同じですが，地方債部分は後年度の負担につながるうえ，一度作られた公共施設には維持管理費が継続的に発生するという点もあります。

図表 75 − 1　普通建設事業費の財源構成比の推移（補助事業費）

（年度）

| 20 | 49.9 | 36.7 | 5.7 | 7.7 |
| 30 | 47.7 | 32.4 | 11.5 | 8.4 |

■ 国庫支出金　■ 地方債　　その他　　一般財源等

出所：総務省『地方財政白書　令和2年3月』。

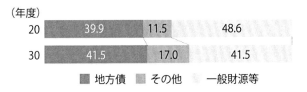

図表 75 − 2　普通建設事業費の財源構成比の推移（単独事業費）

（年度）

| 20 | 39.9 | 11.5 | 48.6 |
| 30 | 41.5 | 17.0 | 41.5 |

■ 地方債　　その他　　一般財源等

出所：総務省『地方財政白書　令和2年3月』。

　補助事業の財源構成比率を図表75 − 1に，単独事業の財源構成比率を図表 75 − 2に示しました。これらの財源の中に地方債が含まれています。公共事業のための財源として，事業費（国庫補助事業の場合には特定財源を除いた地方負担分）のうち，地方債で充当して良い比率が定められています。これは地方債充当率とよばれ，基本となる事業別地方債充当率は公営住宅建設や防災・減災対策，災害復旧，過疎対策などの場合は100％，一般単独事業としての地域活性化や地方道路の場合には90％などとなっています（令和2年度）。また地方債の元利償還に対しては，第9章で説明されるように，自治体の財政力も加味しつつ，事業によって一定の交付税による措置（基準財政需要額への全額算入や財政力補正，事業費補正）がなされています。

8−2. 歳入構造

　普通会計の歳入決算の構成比を見てみましょう（図表76）。

図表76　歳入決算額の構成比

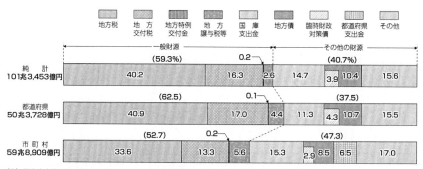

(注) 国庫支出金には、交通安全対策特別交付金及び国有提供施設等所在市町村助成交付金を含む。

出所：総務省『地方財政白書　令和2年3月』。

　最大の歳入を地方税（歳入総額の3から4割）から得ています。他に地方交付税（歳入総額の15％前後），国庫支出金（歳入総額の15％前後），地方債（歳入総額の10％前後）が，都道府県，市町村共通して重要な歳入源です。

財源分類の視点
一般財源と特定財源

　地方税と地方交付税，一旦国税として徴収されたのち地方に譲与される地方譲与税，ふるさと納税で注目される寄付金などは，どのような経費にも使える財源であり，**一般財源**に区分されます。さらに一般財源のうち，寄付金や資産の売却益のように臨時の財源になりうるものと区別して，毎年連続して入ってくる財源を**経常一般財源**とよびます。これには地方税や地方譲与税，使用料などが含まれます。

　一般財源の割合が多ければ，財源を自由に使う裁量の余地が増えることになり，地方自治のためには望ましいことになります。またこれは第4章の租税概論で述べた租税原則の1つ，ノンアフェクタシオンの原則（収入と支出を一対一に結び付けない）にかなうことにもなります。地方公共団体における歳入決算のうち市町村で5割，都道府県で6割が一般財源です。

　対照的に，法規定などにより使途が限定される国庫補助金や地方債を**特定財源**とよびます。

　受益者負担の考え方に合理性があるような歳出には適合しやすい，安定的な財源が確保できるなどの長所がある特定財源は，その反面，財政が硬直化し，政策決定の自由度が低下するという短所もあります。

自主財源と依存財源

　財源を地方自治体の自主的な判断で徴収できる**自主財源**と，国や県の裁量で配分・交付される**依存財源**とに分類することもあります。前者には地方税や寄付金，使用料，収益事業からの収入があてはまります。後者に分類されるのは，地方交付税，国庫支出金，地方債です。地方債に関しては，起債にあたって国との事前協議が必要であるものの，同意がなくとも起債ができることになっています。地方自治の観点からは，自主財源が増え，財政運営の自由度や安定度が高くなることが望まれます。

移転財源と非移転財源

　さらに，地方交付税や国庫支出金，地方譲与税などは，国から地方公共団体に財源移転をする視点から**移転財源**とよばれ，地方税や地方債のように，そのような移転のない財源を**非移転財源**とよんで区別することがあります。

第**9**章

地方歳入　各論

　地方歳入は，地方自治を歳入面から裏づける重要な要素です。その柱は，歳入の3〜4割を占める地方税，13〜17%を占める地方交付税，11〜15%の国庫支出金，そして約10%を占める地方債です。本章ではこれらについて概観します。また地方税に関連して，いわゆるふるさと納税についても，若干言及します。

9−1．地方税

　地方公共団体が（主体），行政に要する財源を（目的），行政区域内の住民や企業から（納税者），強制的に調達する（近代的租税の特徴）もの，それが地方税です。地方財政収入の中心をなす租税の自治権を持つことは，歳入の自治につながり，そしてそれが歳出の自治にもつながるという意味で，地方自治を意味あるように進めるための最重要部分ともいえます。

地方税の法的規定

　まず租税についての憲法の条文を確認しておきましょう。

憲法第84条
　あらたに租税を課し，又は現行の租税を変更するには，法律又は法律の定める条件によることを必要とする。

図表77　歳入純計決算額の構成比の推移

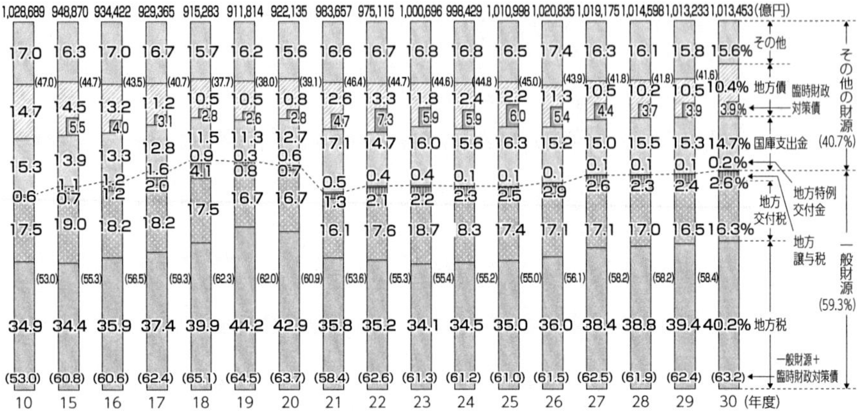

1,028,689 948,870 934,422 929,365 915,283 911,814 922,135 983,657 975,115 1,000,696 998,429 1,010,998 1,020,835 1,019,175 1,014,598 1,013,233 1,013,453(億円)

区分	10	15	16	17	18	19	20	21	22	23	24	25	26	27	28	29	30(年度)
その他	17.0	16.3	17.0	16.7	15.7	16.2	15.6	16.6	16.7	16.8	16.8	16.5	16.5	16.3	16.5	15.8	15.6%
地方債	(47.0)	(44.7)	(43.5)	(40.7)	(37.7)	(38.0)	(39.1)	(46.4)	(44.7)	(44.6)	(44.8)	(45.0)	(43.9)	(41.8)	(41.8)	(41.5)	
臨時財政対策債	14.7	14.5	13.2	11.2	10.5	10.5	10.8	12.6	13.3	11.8	12.4	12.2	11.3	10.5			10.4%
		5.5	4.0	3.1	2.8	2.6	2.4	4.7	7.3	5.9	5.9	6.0	5.4	4.4	3.7	3.9	3.9%
国庫支出金	15.3	13.9	13.3	12.8	11.5	11.3	12.7	17.1	14.7	16.0	15.6	15.6	15.2	15.0	15.5	15.3	14.7%
地方特例交付金	0.6	1.1	1.2	1.6	0.9	0.3	0.6	0.5	0.4	0.4	0.1	0.1	0.1	0.1	0.1	0.1	0.2%
		0.7	1.2	2.0	4.1			1.3	2.1	2.2	2.3	2.5		2.3	2.4	2.6%	
地方交付税					17.5	16.7	16.7						2.9				
地方譲与税						0.9	0.8	0.7									
地方課税	17.5	19.0	18.2	18.2				16.1	17.6	18.7	8.3		17.1	17.0	16.5	16.3%	
	(53.0)	(55.3)	(56.5)	(59.3)	(62.3)	(62.0)	(60.9)	(53.6)	(55.3)	(55.4)	(55.2)	(55.0)	(56.1)	(58.2)	(58.2)	(58.4)	
地方税	34.9	34.4	35.9	37.4	39.9	44.2	42.9	35.8	35.2	34.1	34.5	35.0	36.0	38.4	38.8	39.4	40.2%
一般財源＋臨時財政対策債	(53.0)	(60.8)	(60.6)	(62.4)	(65.1)	(64.5)	(63.7)	(58.4)	(62.6)	(61.3)	(61.2)	(61.0)	(61.5)	(62.5)	(61.9)	(62.4)	(63.2%)

右側注記：その他の財源、その他の財源（40.7%）、一般財源（59.3%）

(注)　国庫支出金には、交通安全対策特別交付金及び国有提供施設等所在市町村助成交付金を含む。

出所：総務省『地方財政白書　令和2年3月』。

　これは，**租税法律主義**とよばれています。

　次に地方税法を見てみましょう。第2条と第3条は，地方税の課税権が地方公共団体にあることを定めています。

> 地方税法　第2条
> 　地方団体は，この法律の定めるところによつて，地方税を賦課徴収することができる。
>
> 地方税法　第3条
> 　地方団体は，その地方税の税目，課税客体，課税標準，税率その他賦課徴収について定をするには，当該地方団体の条例によらなければならない。

　租税を法律で定める租税法律主義を憲法にある文言のままにとらえると，地方公共団体が政令で地方税について定める点とぶつかってしまうのではないか

として，裁判に発展したことがありました。

　さて，図表77のとおり，地方税の収入は歳入決算総額の4割を占めるに過ぎません。市町村だけに限定すると，その割合は3割強となってしまいます。これが歳入自治の現実の姿で，3割自治あるいは4割自治といわれている1つのあらわれです。地方税収のこのような状況に加え，税収と歳出規模とのギャップを地方債や国からの補助金でまかなう事態が長年にわたっています。これが構造化すると，地方政府にとって受益と負担の関係が不明瞭になり，構造的に地方歳出に歯止めを効きにくくさせてしまうとの指摘もあります。

地方税原則

　望ましい税のあり方を考察する租税原則については，第4章でアダム・スミスやワーグナー，マスグレイブなどを例にあげながら説明しました。そこでは時代を超えて求められる徴税技術的な原則，そして時代背景を反映して公平原則や充実した社会政策を可能にするための原則，あるいは経済の安定に資するような仕組みが提示されていました。税制全体としては，基本的にこれらの租税原則にそうことが求められます。

　一方で，地方自治のあり方と関連させた，地方税に固有な視点もあり，この点から租税原則をまとめたものを地方税原則とよびます。

　アダム・スミスやワーグナーの租税原則が租税原則の基準とされるほどの位置を占めているのに比べ，とりあげるべき地方税原則についてはそれほど固定しているようには見えません。ここでは代表的なものを列挙してみましょう。

応益原則

　租税の負担配分の原則について第4章で説明しましたが，公共サービスの提供の対価として，受益に応じて租税を求める応益説的な考え方と，公共サービスとは一旦切り離して租税の支払い能力に応じて租税負担してもらう能力説的な考え方があります。

　累進税は能力説に立って垂直的公平を確保し，所得や資産の再分配を実現す

る重要な手段です。国税は能力説的な考え方に立脚する場合が多く，それは財政の機能のうち2番目，所得再分配機能が国に期待されていることと整合的だということもできます。

　他方，本書第7章では，財政の機能のうちの資源配分機能（公共財の提供）を重視するのが地方公共団体だとしました。だとすれば，地方税では基本的に応益説に立脚することが整合的だとみなすこともできます。

　地方公共団体が提供する市道や県道，都市計画，ゴミの収集などの地方公共財・サービスは，その便益の及ぶ範囲が地域限定的であり，便益を享受する地域の住民が費用負担すべきだという考え方です。

図表78　国税と地方税の推移

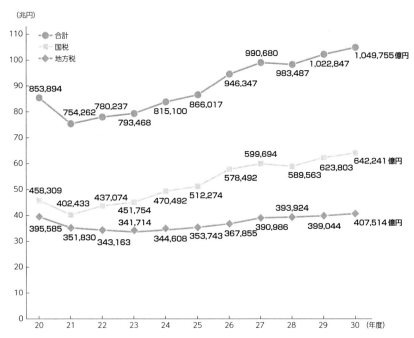

出所：総務省『地方財政白書　令和2年3月』。

安定性原則

　地方公共団体が継続的 / 安定的に公共サービスを提供するためには，景気変動に左右されにくい，安定的な税収を確保しやすい税体系が求められます。

　図表78を見ますと，地方税収全体の動きは，今のところ国税税収よりは安定的に見えます。

税源と税収の普遍性原則

　個人所得や法人所得をベースにした税は，現実に存在する地域ごとの経済力格差を反映し，税収の偏在をもたらしがちです。そのような偏在が少ないような税の採用を求めた原則です。

　一人当たり地方税収のうち，法人関係2税（道府県と市町村の住民税，法人事業税）を都道府県ごとに比較したのが図表79 − 1です。ここでは都道府県ごとの一人当たり税収が，全国平均を100として指標化されています。全国平均を超える団体は，全国47都道府県のうち東京都，愛知県，大阪府，三重県のわずか4団体。最大の東京都と最低の奈良県との間には5.9倍の差があり，圧倒的に東京に偏りがある様子が見えます。

　一方，図表79 − 2を見ますと，地方消費税で全国平均の100を超える団体は27，最大の東京都と最低の奈良県との間は1.3倍の差です。この点から，地方消費税は比較的偏在が少なく，税収の普遍性という点では優れた税制ということができます。

負担分任原則

　公共サービスに必要な費用は，特定の住民だけに負担を負わせず，地域社会に参加するための会費だと考えて，すべての住民で負担しあおうという原則です。民主主義的な地方制度のあり方を求めたものとも言えます。

　負担分任は，地方自治法に規定された言葉です。

182 ————○

図表 79 － 1　地方法人 2 税（道府県と市町村
　の住民税，法人事業税）の一人当たり税収額

図表 79 － 2　地方消費税の
　一人当たり税収（清算後）

法人関係二税

北 海 道	65.4
青 森 県	53.7
岩 手 県	66.9
宮 城 県	91.4
秋 田 県	53.0
山 形 県	59.5
福 島 県	84.1
茨 城 県	82.4
栃 木 県	85.2
群 馬 県	89.6
埼 玉 県	59.6
千 葉 県	66.0
東 京 都	248.5
神奈川県	81.6
新 潟 県	75.9
富 山 県	81.9
石 川 県	93.6
福 井 県	98.0
山 梨 県	92.9
長 野 県	74.5
岐 阜 県	72.5
静 岡 県	99.0
愛 知 県	134.7
三 重 県	103.3
滋 賀 県	93.8
京 都 府	90.2
大 阪 府	120.2
兵 庫 県	71.1
奈 良 県	42.5
和歌山県	57.8
鳥 取 県	55.0
島 根 県	62.1
岡 山 県	75.8
広 島 県	87.4
山 口 県	80.3
徳 島 県	71.5
香 川 県	83.9
愛 媛 県	70.9
高 知 県	51.6
福 岡 県	82.3
佐 賀 県	63.1
長 崎 県	52.4
熊 本 県	60.7
大 分 県	62.7
宮 崎 県	54.5
鹿児島県	52.2
沖 縄 県	58.4
全国平均	100.0

0　50　100 150 200 250 300
最大／最小：5.9 倍
6.7 兆円

地方消費税（清算後）

北 海 道	108.4
青 森 県	100.8
岩 手 県	103.0
宮 城 県	104.6
秋 田 県	105.2
山 形 県	104.4
福 島 県	104.2
茨 城 県	96.8
栃 木 県	103.3
群 馬 県	102.9
埼 玉 県	90.8
千 葉 県	95.5
東 京 都	109.5
神奈川県	92.7
新 潟 県	103.4
富 山 県	104.5
石 川 県	105.8
福 井 県	99.4
山 梨 県	103.6
長 野 県	105.9
岐 阜 県	100.0
静 岡 県	104.2
愛 知 県	102.8
三 重 県	99.7
滋 賀 県	95.3
京 都 府	95.5
大 阪 府	99.5
兵 庫 県	92.7
奈 良 県	87.4
和歌山県	95.8
鳥 取 県	100.8
島 根 県	101.1
岡 山 県	100.7
広 島 県	99.6
山 口 県	96.9
徳 島 県	94.3
香 川 県	102.6
愛 媛 県	99.9
高 知 県	101.3
福 岡 県	96.6
佐 賀 県	98.7
長 崎 県	100.0
熊 本 県	100.6
大 分 県	100.7
宮 崎 県	102.9
鹿児島県	99.3
沖 縄 県	89.6
全国平均	100.0

0　50　100 150 200
最大／最小：1.3 倍
4.8 兆円

最大値　　最小値　　平均

出所：総務省『地方財政白書　令和 2 年 3 月』。

地方自治法　第10条

　市町村の区域内に住む住所を有する者は，当該市町村及びこれを包括する都道府県の住民とする。

　2　住民は，法律の定めるところにより，その属する普通地方公共団体の役務の提供を等しく受ける権利を有し，その負担を分任する義務を負う。

　例えば，人間一人当たり同額の税を支払うという人頭税が負担分任原則をみたす典型的な税ですが，日本の制度では地方住民税の均等割部分がこれに相当します。また地方住民税の所得割部分の課税最低限は，低めに設定されています。これは，所得の再分配機能を弱めることになる一方で，負担分任の原則には近づくことになります。

自主性原則

　課税標準や税率決定に際して，地方公共団体の自主権を求める内容を租税原則に掲げることもあります。これは先にあげた地方税法第2条，第3条で規定されています。

地方税の体系

　図表80－1の第2段目ですが，地方税は課税主体によって都道府県税と市町村税に分けられます。地方税総額に対する道府県税収は45％程度，市町村税収は55％程度という比率になっています。

　図表80－2のとおり，道府県では道府県民税，法人事業税，地方消費税からの税収が圧倒的です。市町村税では市町村民税，固定資産税が重要な税収源です。道府県民税と市町村民税を合わせて住民税とよぶこともあります。

　次に図表80－1の第3段目です。

　地方税法によって地方公共団体の課税が定められた税を**法定税**，それ以外の，地方公共団体が条例を定めて課す税を**法定外税**とよびます。それぞれに，

図表 80 − 1　地方税の体系

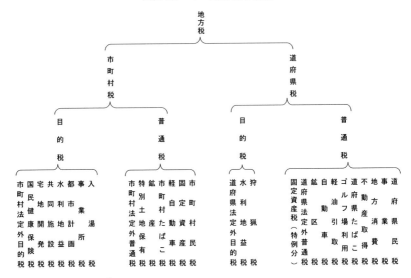

出所：総務省ホームページ。

図表 80 − 2　地方税の内訳（令和元年度地方財政計画）

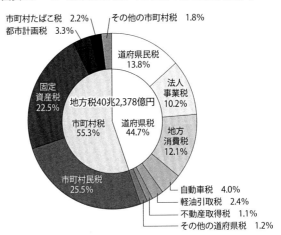

出所：財経詳報社『図説日本の税制　令和元年度版』。

図表 81　法定外税の例

	道府県	市町村
法定外普通税	核燃料税，核燃料など取り扱い税など（福井，愛媛，佐賀など 13 団体）	狭小住戸集合住宅税（豊島区），別荘など所有税（熱海市）など 7 団体
法定外目的税	産業廃棄物税など（三重，岡山，広島など 27 団体），宿泊税（東京，大阪，福岡の 3 団体），乗鞍環境保全税（岐阜）など 31 団体	遊漁税（山梨県），使用済み核燃料税（柏崎市，玄海町），環境協力税（沖縄県渡嘉敷村など 4 村），宿泊税（京都，金沢など 5 市町）など 14 団体

出所：総務省資料から筆者作成。

使途を指定しない**普通税**と使途が決められた**目的税**があります。それぞれを組み合わせて，4 通りの区分けができるわけです。

　法定税のうち法定普通税の具体例には個人・法人住民税，事業税などが含まれ，法定目的税には都市計画税や入湯税が含まれます。目的税のほとんどは法定税です。

　法定外税はどのぐらいの数が制定されているのでしょうか。令和 2 年 4 月時点で，法定外普通税は道府県で 13，同目的税 31，市町村では法定外普通税が 7，同目的税が 14 ほどあります。具体的な税目をいくつか図表 81 に示してみました。

すこし
寄り道 ⑭　犬　税

　人と一緒に揺れる車内に乗る犬の姿，レストランでテーブルの傍で主人の食事が終わるのを静かに待つ姿。ドイツではよく見かける風景です。犬は家族の一員なのでしょう。そんなドイツでは，地方自治体ごとに犬税が課されています。例えばミュンヘン市では 1 匹当たり年間 100 ユーロ（日本円にして 12,600 円ほど）。闘犬は

800 ユーロ，障害者を助ける目的の犬や動物保護施設からの犬の場合には免税になるなどの制度となっています。大都市ミュンヘンにとって犬税の税収はそれほど大きなものではありませんが，毎年 1,000 匹ずつ増えると言われる犬の数の抑制が，犬税のねらいの 1 つだとされています。税の使途は決められておらず，飼い主むけのホームページには「犬糞の処理に使われるわけではない」とわざわざ明記してあります。自治体によっては追加的な犬の税額が割高になる，いわば累進構造をとるところもあります。

　日本もかつて，**法定外税**の 1 つとして犬税を徴収していた自治体がかなりありましたが，長野県の四賀村が昭和 54 年に廃止したのを最後になくなりました。近年では，ふるさと納税で話題になった泉佐野市が法定外目的税として設置を検討したものの，実現には至りませんでした。

　また図表 82 のように，課税ベースごとに所得課税，消費課税，資産課税と区分することがあります。住民税と法人事業税とは，所得課税のカテゴリーとなります。平成 9 年度から導入された地方消費税のほか，地方たばこ税，自動車税，自動車取得税などは消費課税のカテゴリーになります。資産課税などのカテゴリーに入るのは，固定資産税，不動産取得税，都市計画税などです。

　図表 82 からわかるように，平成 2 年からこの 30 年ほどの間に所得課税の割合が低下し，消費課税の割合が上昇してきました。

個人住民税

　都道府県や市町村が徴収する個人住民税には，課税標準が複数あります。1 つは一人当たり一定の金額が課せられる**均等割**部分，そして前年度中の収入などから算出される所得割課税金額に一定の税率をかける**所得割**部分です。

　税率は，均等割の場合，標準税率（道府県 1,500 円，指定都市以外の市町村 3,500 円）を基本としますが，この額は東日本大震災の復興のため，令和 5 年度まで限定的に 500 円ずつ加算されたものです。

図表82　地方税収の課税ベース別構成比

	平成31年度	平成2年度
所得課税	50.9	63.7%
（個人）	32.4	31.1
（法人）	18.5	32.6
消費課税	21.5	12.3
資産課税等	27.6	24.0

出所：財経詳報社『図説日本の税制　令和元年度版』から抜粋。

　所得割部分については，**標準税率**（道府県4％，指定都市以外の市町村6％，合計10％）を比例税率としてかけることになります。国税である所得税と異なり，累進税率にはなっていません。

　均等割部分と所得割部分の両方を支払う義務があるのは市町村内の住民ですが，事務所や家屋敷のみを持つ場合には，所得割のみに納税義務があります。

　生活扶助を受けている場合や所得金額など一定の条件があてはまる場合には，均等割と所得割の両方が課税されなかったり，均等割のみが課税されるなどの扱いになります。

　ところで神奈川県の住民税均等割は，現在1,800円です。また横浜市のような政令指定都市では，通常は県が行っている教職員の給与負担などが市に移され，それに伴う形で県から税源移譲がなされています。横浜市の場合，市民税所得割が8％と標準税率よりも高くなり，県民税所得割は2％とされています。このように住んでいる住所により，これら標準税率と異なる税率が設定されている場合があります。

　なお，標準税率を超えた税率を政令で定めるとき，**超過課税**とよびます。例えば住民税を見てみると，平成31年4月段階では，道府県民税のうち個人均等割部分で37団体，法人均等割部分で35団体，法人税割部分で46団体が超

過課税を採用しています。市町村民税でも，法人均等割部分で388団体，法人税割部分では996団体が採用しています。他にも，法人事業税，固定資産税，軽自動車税などさまざまな税で超過課税は採用されています。

ふるさと納税と住民税

　近年，**ふるさと納税**制度に話題が集まっています。「納税」という言葉がついていますが，地方税にその種の税目があるわけでありません。応援しようとする地方公共団体に寄付（一般財源となります）をし，それに対して税（所得税と住民税）の優遇措置を受ける，寄付金税制の仕組みです。具体的には，ふるさと納税額（寄付額）のうち2,000円を超える部分について，国税である所得税と地方税住民税が（現在は，2,000円を差し引いた残額のすべてが）控除されます。

　出生地であったり，過去の居住地であったり，ボランティアの経験地であったり，さまざまな理由で特定の地域を資金的に応援しようとしても，その住民でなければ納税という形での貢献には限界があります。しかし，寄付という形であれば当該地域の財源を増やすことができ，寄付によって自分の居住地の税の控除があれば，自分の居住地の税が減る代わりに寄付対象地域の財源が増え，しかも納税者としての追加負担が少なくなります。あたかも納税する地域を自ら選択したかのような結果をもたらすというわけです。

　納税者側だけでなく，地方公共団体の職員にとっても，そのような財源移動が自らの地域に向かうよう努める，自治体のあり方を自ら問う機会にもなると目論まれていました。

　ところが本来のねらいとは別に，魅力的な返礼品を提供する自治体に寄付が集まるという現実的な傾向があるため，高額な返礼品を提供しようとする返礼品競争が自治体間で激化しました。かくて巨額の寄付金受け入れができた地方自治体がある一方で，大都市圏では控除による住民税収減少が深刻となりました。地方交付税を通して減収分の75%を補填する措置があったものの，そもそも地方交付税の不交付団体（財政的には本来望ましい）にとっては，減収の影響を直接受けることになりました。

　こうした状況を行き過ぎだと考え，返礼品の額に制限をかけようとする総務省と，返礼品選定は自治体の権限だとする泉佐野市の間では裁判にまで至る事態になりました。

　従来，光が当たりにくかった寄付税制に光が当たった点は良しとするにしても，地方自治の観点からは地方税源の充実こそが本筋である，また高所得者ほど累進的に控除額が増えるので公平性にも問題がある，などという主張もされます。

すこし寄り道 ⑮　ふるさと納税と自治体

　令和元年度の総務省資料によると，寄付受け入れ額が最も大きいのは，関西国際空港の玄関口にあり，地方債残高の多い大阪府泉佐野市（498億円），国際的なレースもできる富士スピードウェイが立地する静岡県小山町（251億円），などです。一方，控除による税の流失額が大きかったのは，横浜市（136億円），名古屋市（80億円）などです（図表83－1，83－2）。

　寄付を集める自治体は，「これといった産業が立地しない自治体にとって，自治の範囲で最大限の努力をしているだけだ」とその正当性を訴え，税流失団体からは，一部住民の利害関心によって居住地域の住民サービスの全体的低下をもたらしている，地方税制度の根幹を揺るがすものだとの強い反論もなされました。

図表83－1　寄付受入れが多い自治体

1	大阪府泉佐野市	498億円
2	静岡県小山町	251億円
3	和歌山県高野町	196億円
4	佐賀県みやき町	168億円

図表83－2　税控除額が多い自治体

1	横浜市	136億円
2	名古屋市	80億円
3	大阪市	74億円
4	川崎市	56億円

出所：総務省資料から筆者作成。

法人住民税

　市町村に事務所または事業所などがある法人は，法人住民税の均等割と法人税割の両方が課せられます。事務所や事業所はないが寮などがある場合には，均等割が課税されるなどの区分があります。

　法人所得に依存しない均等割部分は，個人住民税と異なり比例税率ではなく，資本金や従業員数などにより税率が分けられています。例えば50億円を超える資本金があり，市町村内の事務所に50人を超える従業員がいた場合，市町村法人均等割は300万円，道府県法人の均等割は50万円となっています。

　法人税額などを課税標準にする法人税割は，法人税額に税率がかけられます。この場合の標準税率は，道府県民税が3.2%，市町村民税が9.7%となっています。さらにこの税率を超える税率を課す場合の上限（**制限税率**）が，それぞれ4.2%，12.1%と定められています。

法人事業税

　地域に事務所や事業所を持って事業を行っているすべての法人（内国法人／外国法人とも）に課税され，法人ではない社団や財団なども，法人と**みなし課税**されます。また，社会福祉法人や宗教法人，学校法人については収益事業部分のみに課税されます。

　課税標準は，電気・ガス供給事業や保険業などの場合は収入金額とされ，これに税率（1%）がかけられます（**収入割**）。それ以外の業種では前年度の法人所得が課税標準となり，これに超過累進税率が課せられます（**所得割**）。

　なお近年，我が国では，法人実効税率を下げて法人企業の競争力を高めようとしています。また，全企業の6割，大企業の3割が赤字欠損法人になっている状況も鑑みて，課税標準を法人所得以外にも求め，赤字法人にも課税して応益原則を重視する流れになっています。

　このような背景のもと，課税標準を広くとり，代わりに所得割の税率を下げる狙いで，資本金が1億円を超える大企業（法人全体の1%ほど）については，収益と連動しない租税公課として**付加価値割**（事業所の賃貸料や給与など付加価値を課

税標準として税率は 1.2%）と**資本割**（税率 0.2%）とが課されるようになりました。これは**外形標準課税**とよばれています。法人事業税全体のうち外形標準課税が占める割合も徐々に上昇し，平成 28 年度からは 8 分の 5 ほどとなっています。

すこし寄り道 ⑯ 赤字欠損法人

　所得税の負担者には偏りがありますが，法人税にも同様の偏りが見られます。負担分任の原則にたつ地方税では，赤字欠損法人も課税対象とする外形標準課税が採用され，徐々に拡大しています。

　国税庁が毎年調査／公表する『会社標本調査─税務統計から見た法人企業の実態─』の最新版（平成元年度分）によると（図表 84），272 万を超える我が国の法人企業のうち，全企業の 6 割が赤字欠損法人とされ，また資本金 1 億円を超える大企業 8,955 社のうち 3,267 社（36%）が赤字欠損法人です。それぞれ 7 割，5 割という高水準であった 10 年ほどまでと比較すれば下がってきてはいますが，依然としてかなりの割合で赤字欠損企業が存在しています。

図表 84　利益計上法人数・欠損法人数の推移

区　分	法　　人　　数			欠損法人割合 (A)/(B)
	利益計上法人	欠損法人 (A)	合　計 (B)	
	社	社	社	%
平成20年度分	740,533	1,856,575	2,597,108	71.5
21	710,552	1,900,157	2,610,709	72.8
22	702,553	1,877,801	2,580,354	72.8
23	711,478	1,859,012	2,570,490	72.3
24	749,731	1,776,253	2,525,984	70.3
25	823,136	1,762,596	2,585,732	68.2
26	876,402	1,729,372	2,605,774	66.4
27	939,577	1,690,859	2,630,436	64.3
28	970,698	1,689,427	2,660,125	63.5
29	1,006,857	1,687,099	2,693,956	62.6
30	1,032,670	1,692,623	2,725,293	62.1
（構成比）	(37.9)	(62.1)	(100.0)	

出所：国税庁『会社標本調査（令和元年分）』。

地方消費税

　すでに第5章 租税各論で説明した消費税ですが，平成6年度からは都道府県税としての地方消費税が導入されました。現在は国の消費税と合わせて10％の税率で徴収されていますが，このうち地方分は2.2％となります。

　地方消費税はひとまず各都道府県に納付され，商業統計による小売年間販売額や国勢調査における人口などをもとに各都道府県の「消費に相当する額」を算定し，それに応じて**清算**されます。

　都道府県清算後の額の半分は，人口や従業員数に応じて市町村に配分される仕組みです。

　なお，清算基準の適切さについては議論があります。当初は購入された場所を重視した清算を行っていましたが，量販店や大規模百貨店が集中する東京都のような大都市に税収が集中する偏りがあるとされました。地方消費税の使途が社会保障であることも考慮して，平成30年度からは人口基準も重視されるよう見直されています。

　地方消費税収をどの場所に帰属させるのかは議論の割れるところですが，欧米で実施されている付加価値税の国境調整がそうであるように，消費された消費地・仕向地の税収とされるのが国際的な慣行だとされています。

固定資産税

　最後に，資産課税の代表として固定資産税について触れておきましょう。

　重要な市町村税の1つである固定資産税は，その起源を明治6年の地租改正に遡ることもできる歴史ある税制です。土地や家屋を課税客体とし，固定資産台帳に記載されている所有者が，その価値（適切な時価）に応じて納税する仕組みです。「適正な時価」の算定は，3年ごとに評価替えが行われる公示価格によることとし，税率は1.4％です。課税標準や税率については，新築家屋であるとか省エネ改修であるといった政策的意図から軽減措置がとられることがあります。

　なお新型コロナウィルスによって事業収入が減少した中小事業者に対して

は，1年分に限り固定資産税の課税標準を減らすなどの軽減措置がとられました。

とはいえ固定資産は，各地域に普遍的に存在する点で地方税原則に合致した税といえますし，実際，住民税とともに，市町村税の中で基幹税の1つとしての地位をかためています。

9－2．地方交付税

地域間の財源不均衡を是正し，合わせて全国的に一定のサービス水準を保証したり，また景気対策などの中央政府の施策を誘導するねらいもあって，国から地方交付税が交付されています。また，国と地方の歳出総額が4対6と地方に偏っている一方で，国と地方の税収は6対4と国に偏っている状況を埋めるねらいもあります。

財　源

内閣は地方交付税法第7条にしたがって，**地方財政計画**を毎年度作成することが求められています。

地方財政計画には，地方公共団体の翌年度の歳入・歳出の見込み額が記されています。歳出には給与関係費，一般行政費，投資的経費，公債費など国の責任で見積もった財政需要が積み上がり，歳入には地方税や地方債，国庫支出金などが積み上がります。そして，歳入と歳出とがバランスするように地方交付税額が組まれ，これによってマクロレベルでの財源保障額が決定されます。この交付金の額は交付税及び譲与税配付金特別会計の中に含まれ，そして，そこに一般会計歳出から資金が繰り入れられるという流れです。なお，同特別会計では，交通安全対策特別交付金（反則金収入を一般会計で受け入れ，ここから同特別会計に繰り入れ）の経理も行われています。

地方交付税の財源は，地方交付税法にしたがって所得税および法人税の33.1％＋酒税の50％＋消費税の19.5％＋地方法人税の100％（これら割合を交付税率とよぶ

ことがあります）を基本としますが，年により別途加減されます。このように国が
地方に代わって税を徴収し，合理的な判断で配分するという仕組みが，地方交付
税です。国が税を集めてはいますが，法律によって地方団体に帰属するよう定
められている点から，地方交付税は地方の固有財源と考えられています。

　地方交付税の使途は限定されていない一般財源ですが，自治体側に決定権が
ない依存財源という位置付けです。

　地方交付税は，総額の9割以上を占める普通交付税と6%程度の特別交付税
に分かれています。特別交付税は普通交付税で考慮されなかった事情により交
付されるもので，財政力があって普通交付税が交付されない団体（不交付団体）
にも交付されます。新型コロナウィルス感染症対策に伴う地方の負担にかんし
ては，その費用の80%を特別交付税で措置するなどの扱いがなされました。

交付のしくみ

　普通交付税の配分の仕組みは，図表85の通りです。

図表85　普通交付税の仕組み

普通交付税の額の決定方法：

　各団体ごとの普通交付税額 ＝（基準財政需要額 － 基準財政収入額）＝ 財源不足額
　基準財政需要額 ＝ 単位費用（法定）× 測定単位（国調人口等）× 補正係数（寒冷補正等）
　基準財政収入額 ＝ 標準的な地方税収入見込額 × 原則として75%

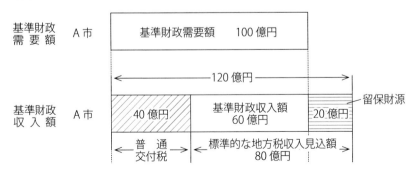

出所：総務省資料。

　財源不足によって一定水準の公共サービスを提供できない団体が出ないように，**基準財政需要額**（妥当かつ合理的な水準の行政を行うために必要な額）から**基準財政収入額**（標準的な状態で見込める税収額）を引き，その差額を財源不足として地方交付税で補填するように設計されています。

　差額がない団体は，公共サービスに見合った税収がある健全な団体だとして，地方交付税が交付されない**不交付団体**となります。

　不交付団体の数は，平成元年ごろの193団体をピークに減少傾向にあり，令和2年度においては76団体となっています。不交付団体は，首都圏（東京都，および都下10団体，神奈川県内8団体，千葉県内7団体）や愛知県内（17団体）などに集中しています。なお東京都の扱いはやや特殊で，都と23特別区が合算されて算定されており，都道府県では唯一の不交付団体となっています。また，政令市で不交付団体となっているのは川崎市のみです。

　基準財政需要額は，消防，土木，教育といった行政項目ごとに

単位費用　×　測定単位　×　補正係数

を計算し，足し合わせます。

　項目によって人口や面積，児童の人数などを測定単位とし，その単位面積や人口一人当たりにかかる費用が単位費用です。単位費用の計算においては，国庫補助金のように使途が決まっている特定財源分は差し引かれ，一般財源部分で算定されます。この単位費用は，面積なり人口なりが平均的で，自然条件や地理的条件，社会的条件が特殊でない場合を想定しています。現実には団体ごとに状況が異なるので，必要な場合は補正係数で割り増すなどの修正を施す仕組みです。

　補正は，例えば豪雪地帯であれば，小中学校の暖房や除雪費用を考慮（寒冷地補正）し，人口規模（段階補正）や人口密度によって消防費が変わる点を考慮（密度補正）し，都市化の度合いや政令指定都市や中核市に指定されているかによって異なる権限の差を考慮したり，公共施設の整備状況を勘案したり（態様

補正），人口増減が急激に生じたケースで数値増減補正を行ったりといった具合です。

　地方債の元利償還金の大きさについては，防災・減災対策，整備新幹線や直轄高速自動車道のように財政需要が偏在しているものや，過疎対策などの費用を賄うために地方債を発行している場合に考慮されています（財政力補正）。

　基準財政収入は，

標準的な地方税収×75％　＋　地方譲与税など

と計算されています。標準的な地方税収とは，法定普通税に，地方税法に定められた標準税率を課した額が中心となります。超過課税や法定外税がなく，一定の徴収率で徴収されるときに入ってくる標準的な税収という位置づけです。

　なお，標準地方税収の残り25％相当分は留保財源とされ，基準財政収入額の算定からは外れます。この留保分は自治体が使途を限定せずに使える部分のため，各自治体の税源拡大へのインセンティブになっているとされています。

　住民税の説明でふれた，ふるさと納税にかんして一言加えますと，寄付先の自治体については，その寄付分は基準財政収入額に含めない措置がとられます。また，寄付をした人が属する自治体にとっては住民税が減少することになりますが，その減少分の75％分が基準財政収入額から減少させる措置がとられます。この結果，寄付をした人が属する自治体が地方交付税の交付団体であれば，住民税の減少があっても実質的に25％だけの減少となります。逆にいえば，寄付をした人が属する自治体が，地方交付税の不交付団体（財政的に豊かな団体）であれば，住民税減少の直撃を受けることとなります。

９－３．国庫支出金

　国と地方との財源アンバランスの一部は，地方交付税とともに国庫支出金による資金移転によって調整しています。国庫支出金は特定事業に紐づけて，一定の

補助率で交付するもので，特定財源であり依存財源であるという位置づけです。

　事業費でさらに不足する分は，地方税ないし地方債で賄うことになります。なお，地方債で事業費（のうち特定財源を除いた地方負担額）のどれだけを賄えるかの割合を地方債充当率とよびます。

　国庫支出金は，地方財政法で以下の3つに分類されています。

国庫負担金

　国と地方の共同事業に対する国の負担金です。義務教育，生活保護，職業教育，道路河川改良のような土木事業，災害時の経費などに対して交付されますが，国側の利害の大きさによって補助率は変動します。

国庫委託金

　国の事業ではあるけれども地方公共団体が実施する方が効率的だと考えて，地方に委託した場合に交付する交付金です。国政選挙や国勢調査のような全国的な統計，健康保険や外国人登録といった事業がこれに該当します。これらについては国が全額補助することになっています。

国庫補助金

　国の政策を地方に奨励し，推進していくために地方に補助金を交付するものです。

　在宅福祉事業，電源立地，防衛施設整備などの事業などが該当します。

　国庫支出金にかんしては，実際の事業費の規模と比較して国側の負担割合が不当に小さく，地方自治体側にとって超過負担が深刻に発生していると問題化したこともありました。普通建設事業費の中で出てきましたが，国道の整備のような国直轄事業については，費用のすべてを国が負担するのではなく地方自治体の一部負担部分があり（高規格幹線道路の改築で3分の1から4分の1を県が負担するなど），その負担割合など適正な運用が求められています。

9-4. 地方債

　地方公共団体が一会計年度を超えて借入をなすことがあり，これを地方債とよんでいます。国の翌年度の予算の政府案が決定されるときに合わせ，地方債の発行予定額が示された地方債計画案が発表されます。

> 地方財政法　第5条
> 　地方公共団体の歳出は，地方債以外の歳入をもって，その財源としなければならない。ただし，次に掲げる場合においては，地方債をもつてその財源とすることができる。

　地方財政法第5条はこのように始まり，まず地方財政の基本が，借金による財政運営をよしとしない**均衡財政主義**である点を規定した上で，但し書き部分で一定の条件のもとでの公債の発行を認めています。本書第6章 公債で，国の公債発行が財政法第4条の但し書き規定に基づいて行われる場合に四条国債（建設国債）とよばれると説明しました。地方財政法第5条に基づいて地方公共団体が公債を発行するときには，**五条債**とよばれます。

　さて地方財政法第5条で，公債の発行が認められている事業（適債事業）は，交通事業，ガス事業，水道事業，災害に際しての応急・復旧・救助の事業，文教・厚生・消防施設や道路・河川・港湾といった公共施設・公用施設の建設などの事業です。

　地方債発行額の歳入総額に占める割合（地方債依存度）は，都道府県は減少傾向にありますが，市町村においては高止まりとなっています（図表86）。

　図表87から地方債の借入先をみますと，政府資金（財政融資資金，地方公共団体融資資金）が2割で低下傾向にあり，市中銀行による引受が3割弱，最も多いのが市場公募で全体の3割以上を引き受けています。市場公募の増加は，地方公共団体自身の責任で行財政運営を行うという地方分権推進が求められて

図表 86　地方債依存度の推移

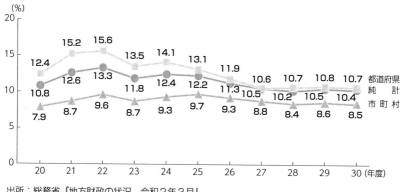

出所：総務省『地方財政の状況　令和2年3月』。

いる状況を反映したものです。

　どのような種類の地方債が多いのかという点を同じ図表87から確認しますと，かつては一般単独事業向けが最大であったのですが，近年では臨時財源対策債の発行額が急増しています。

　臨時財源対策債は，地方財政法第5条の特例として，いわば特例地方債，ないし赤字地方債といった性格を持つものです。

　これは先に説明した地方交付税と関係があります。地方交付税では国税5税の一定割合（交付税率）が，交付税特別会計の原資の基本となっています。この原資の額が不足し，近年は交付税特別会計での借入にも限界がある状態（新規借入はなされていません）になりました。こうした背景で，2001年（平成13年）度以降は地方自治体に交付する額を減らし，代わりにその差額を国と地方で折半するために起債が認められることになった地方債，それが臨時財源対策債です。

　臨時財源対策債の償還費用は，将来の地方交付税によって措置されるので，地方公共団体の財政運営に支障はきたさないことになっています。

　地方債の起債手続きについては図表88にまとめられています。本章付論で説明されるような諸指標，つまり実質赤字がゼロ，実質公債費比率が18％未

図表87　地方債現在高の目的別構成比及び借入先別構成比の推移

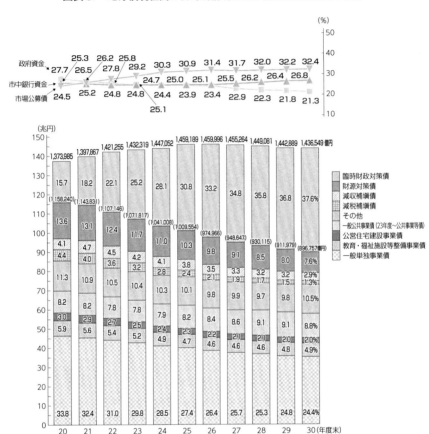

出所：　総務省『地方財政の状況　令和2年3月』。

満，将来負担比率が400％未満といった条件にかなう場合には，起債に際して
は基本的には総務大臣または都道府県知事への届出のみで良く，それ以外の場
合に協議ないし許可が必要とされています。

図表88　地方債起債手続きの概要

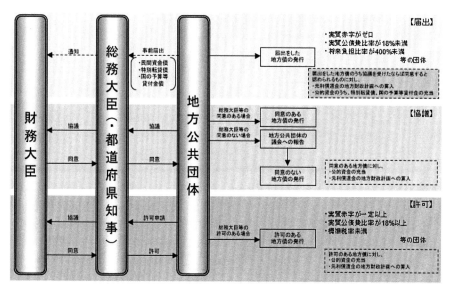

出所：財務省資料。

付 論

財政破綻防止の財政指標

　最後に主要な財政指標について，早期健全化基準，より悪化した場合の財政再生判断比率などいくつかの視点がありますが，早期健全化基準を中心に概略をまとめておきましょう。

財政力指数（財政の余裕度の指標）

　・基準財政収入額／基準財政需要額の過去3年間平均

　財源不足状態か財源に余裕があるかを見る指標です。値が1以上であれば財政力が強いことになり，地方交付税の不交付団体となります。不交付団体は財政力が強い証ではありますが，経済対策をはじめとする政府のさまざまな政策が，地方交付税の交付措置を活用してなされることがあり，その恩恵にあずかれないというマイナスもあります。

経常収支比率（財政の弾力性の指標）

　・経常的経費／経常一般財源と臨時財政対策債などの合計

　経常的経費には人件費，扶助費，公債費など毎年度，継続的に支出されるものが入ります。経常一般財源には地方税や普通交付税のように，毎年継続的に

入ってくる額があてはまります。

　人件費を増やすなどして経常的経費が増えると指標の値が上昇し，100％を超えると，財政の硬直化がおきていると判断されます。交付税措置のある地方債を発行してまちづくりの資金に充てると，一旦は分母が大きくなり，経常収支比率は下がりますが，将来的には分子が大きくなるので，将来的な不安要素になります。

　次の4つの指標は，平成20年に施行された地方公共団体財政健全化法に基づく**健全化判断比率**です。1つでも基準を超えると，財政健全化計画を定めることを求められます。より状況が悪化して，将来負担比率以外の指標で**財政再生判断基準**に達した場合には，財政再生計画作成が求められます。

実質赤字比率（普通会計の赤字の程度）

・普通会計（一般会計＋普通会計相当特別会計）における実質赤字／標準財政規模

　市町村11.25％，道府県3.75％が早期健全化基準で，これを超えると財政健全化計画が必要になります。財政再生基準は，市町村20％，道府県5％です。

連結実質赤字比率（地方公共団体の赤字の全体像）

・公営企業特別会計の実質赤字分も含むすべての会計の赤字額，資金不足額／標準財政規模

　市町村では財政規模に応じて16.25－20％，道府県においては8.75％が早期健全化基準です。財政再生基準は，市町村30％，道府県15％です。

実質公債費比率（フローの資金繰り程度）

・一般会計などが負担する元利償還金等／標準財政規模等の比率

　一般会計が実質的に負担する借金返済の程度を示すもので，起債に際して許可や協議が必要かどうかの判定にも使われます。
　市町村，都道府県とも25％が早期健全化基準です。財政再生基準は，市町村，道府県とも35％です。

将来負担比率（将来の財政圧迫の可能性）

・将来負担する実質的な負債／標準財政規模等

　地方債はもちろん，退職手当，地方公社や第三セクターなどに関する分も分子に含めます。基金で手当てされていたり特定財源がある場合には，将来負担に含めません。
　市町村は350％，都道府県は400％が早期健全化基準です。財政再生基準は設けられていません。

📖 次へのステップ

　本書は，財政学へのほんの入口です。これを読み終えた方には，ぜひ次なるステップにチャレンジしていただきたいと思います。本書の執筆でも参考にさせていただきました。さあ，財政学の深い森へどうぞおいでください。

1　いわゆる財政学のテキスト
　あまた優れたテキストが公刊されています。
　ひとまずバランスのとれた最新のテキストとして
　　・望月正光ほか『財政学　第5版』創成社
　経済学的発想だけに偏らないテキストとして
　　・小西砂千夫『財政学』日本評論社
　図式を用いて経済理論的側面もわかりやすく説明したテキストとして
　　・上村敏之『コンパクト財政学　第2版』新世社
　　・仲林真子『財政学と公共経済学　はじめの一歩』八千代出版
　地方財政学の入門テキストとして
　　・林宏昭他『第3版 入門地方財政』中央経済社
　　・浅羽隆史『入門地方財政論』同友館
　現代財政の歩みを振り返ることができるものとして
　　・井手英策・諸富徹他『日本財政の現代史Ⅰ〜Ⅲ』有斐閣
　広範なテーマを扱う財政学テキストとして
　　・佐藤進・関口浩『(新版) 財政学入門』同文館出版
　新刊ではありませんが，近年あまり強調されなくなった財政や財政学の歴史的側面にも詳しいテキストとして（図書館などで手に取ることができれば）
　　・大川政三ほか『新財政論』有斐閣

・大川政三ほか『財政学』春秋社

本書でも扱ったより専門的な文献として,

・横山直子『徴税と納税制度の経済分析』中央経済社

・池田浩太郎「租税原則論の二大潮流（1）（2）（3）」成城大学経済研究，145-147

新刊ではありませんが, 偉大な財政学者を総覧するなら（図書館などで手に取ることができれば）

・大川政三ほか『財政学を築いた人々』ぎょうせい

新刊ではありませんが, コンパクトながら実際の講義が見えてくるようなテキストとして

・古田誠司『リーディング・やさしい財政学』中央経済社

財政や租税の制度については, ひとまず

・小宮淳史『図説日本の財政』財経詳報社

・植松利夫『図説日本の税制』財経詳報社

2　官公庁のホームページからダウンロードできる, 年度ごとに発刊されるパンフレットやレポート

【財務省関連】

・『日本の財政関係資料集』『これからの日本のために財政を考える』『債務管理レポート』『もっと知りたい税のこと』『特別会計ガイドブック』『令和＊年度税制改正』

【総務省関連】

・『地方財政白書／地方財政の状況』

【国税庁関連】

・税務大学校が税法の基礎知識を学ぶ研修生のために作成した『税務大学校講本』

が公開されています。

3　官公庁や国際機関のホームページ

　本書では何回か紹介しましたが，財務省や国税庁，総務省のホームページは，財政に関する豊富な資料を提供しています。IMF（国際通貨基金）やOECD（経済協力開発機構），世界銀行のホームページは，財政の国際比較データが豊富に揃っていますし，視覚化しやすく工夫されてもいます。

　　　財務省アドレス　　　https://www.mof.go.jp/
　　　国税庁アドレス　　　https://www.nta.go.jp/
　　　総務省アドレス　　　https://www.soumu.go.jp/
　　　IMF アドレス　　　　https://www.imf.org/
　　　OECD アドレス　　　http://www.oecd.org/t
　　　世界銀行アドレス　　https://www.worldbank.org/
　　　各地方自治体のホームページ

4　経済学への発展

　経済学の標準的な入門書で，大部ですがあまりテクニカルにならず，事例が豊富なもの

　　　・マンキュー『入門経済学（第3版）』『経済学ミクロ編（第4版）』『経済学マクロ編（第4版）』東洋経済新報社

　最後に，財政学の体系，租税原則論，予算概念などに影響を与えた歴史的名著として

　　　・アダム・スミス『国富論』日本経済新聞社，An Inquiry into The Nature and Causes of The Wealth of Nations, 1776
　　　・マスグレイブ『財政学 I II III』有斐閣，Public Finance in Theory and Practice 3. ed. 1980
　　　・F. Neumark, Theorie und Praxis der Budgetgestaltung, in: Handbuch der Finanzwissenschaft, 1952

索　引

《著者紹介》

池田浩史（いけだ・ひろふみ）

   1958 年　神奈川県生まれ
   1984 年　慶應義塾大学経済学部卒業
   1990 年　早稲田大学大学院経済学研究科博士後期課程単位取得
   現　在　東京国際大学経済学部准教授

著訳書

『財政学　第三版』（共著）創成社，2009 年

『日本の財政　新訂版』（共著）創成社，2004 年

『K. ヴィクセル 財政理論研究』（共訳）千倉書房，1995 年ほか

（検印省略）

2021 年 3 月 31 日　初版発行　　　　　　　　　　　略称 ─ やさしい財政

やさしい財政学

著　者　池 田 浩 史
発行者　塚 田 尚 寛

発行所　東京都文京区　　**株式会社　創 成 社**
　　　　春日 2 - 13 - 1

電　話　03（3868）3867　　Ｆ Ａ Ｘ　03（5802）6802
出版部　03（3868）3857　　Ｆ Ａ Ｘ　03（5802）6801
http://www.books-sosei.com　振　替　00150-9-191261

定価はカバーに表示してあります。

組版：スリーエス　印刷・製本：

落丁・乱丁本はお取り替えいたします。

—————————— 経 済 学 選 書 ——————————

や さ し い 財 政 学	池 田 浩 史	著	2,400 円
世 界 貿 易 の ネ ッ ト ワ ー ク	国際連盟経済情報局 佐 藤 純	著 訳	2,500 円
みんなが知りたいアメリカ経済	田 端 克 至	著	2,600 円
自動車産業のパラダイムシフトと地域	折 橋 伸 哉	編著	3,000 円
「復興のエンジン」としての観光 ―「自然災害に強い観光地」とは―	室 崎 益 輝 橋 本 俊 哉	監修・著 編著	2,000 円
テ キ ス ト ブ ッ ク 租 税 論	篠 原 正 博	編著	3,200 円
テ キ ス ト ブ ッ ク 地 方 財 政	篠 原 正 博 大 澤 俊 一 山 下 耕 治	編著	2,500 円
財 政 学	望 月 正 光 篠 原 正 博 栗 林 隆 半 谷 俊 彦	編著	3,100 円
復興から学ぶ市民参加型のまちづくりII ―ソーシャルビジネスと地域コミュニティ―	風 見 正 三 佐々木 秀 之	編著	1,600 円
復興から学ぶ市民参加型のまちづくり ― 中 間 支 援 と ネ ッ ト ワ ー キ ン グ ―	風 見 正 三 佐々木 秀 之	編著	2,000 円
福 祉 の 総 合 政 策	駒 村 康 平	編著	3,200 円
環 境 経 済 学 入 門 講 義	浜 本 光 紹	著	1,900 円
マ ク ロ 経 済 分 析 ― ケ イ ン ズ の 経 済 学 ―	佐々木 浩 二	著	1,900 円
ミ ク ロ 経 済 学	関 谷 喜三郎	著	2,500 円
入 門 経 済 学	飯 田 幸 裕 岩 田 幸 訓	著	1,700 円
マクロ経済学のエッセンス	大 野 裕 之	著	2,000 円
国際経済学の基礎「100項目」	多和田 眞 近 藤 健 児	編著	2,500 円
ファーストステップ経済数学	近 藤 健 児	著	1,600 円

(本体価格)

—————————— 創 成 社 ——————————